통찰의 언어 × 선문답 111편

통찰의 언어 선문답 111편

2020년 2월 16일 초판 1쇄 발행

지은이 정의행
발행인 김미숙
편집인 김성동
펴낸곳 도서출판 어의운하
주소 경기도 파주시 월롱면 누현길 94-2 티메카이동 102호
전화 070-4410-8050
팩시밀리 0303-3444-8050

페이스북 https://www.facebook.com/you-think
블러그 https://blog.naver.com/you-think
이메일 you-think@naver.com
출판등록 제406-2018-000137

ISBN 979-11-965609-5-9 03220

책값은 뒤표지에 있습니다.
잘못된 책은 구입하신 서점에서 바꿔드립니다.

통찰의 언어 선문답 111편

정의행 지음

어의오하

〈펴내며〉

이 책은 단숨에 읽으면 안 된다. 모두 111편으로 이루어진 선사들의 언어는 평범한 대화체이지만, 한 편 한 편이 우리의 습관화된 일상을 정확하게 타격한다. 독자들은 선사의 벼락같은 언어 뒤에 툭툭 깨진 채 남겨진 일상의 파편을 확인할 수 있다. 선의 언어는 그렇다. 부지불식간에 찾아와 내 몸 전체를 흔들어 깨뜨린다.

　이 책을 지은 정의행 법사는 지난 2016년 2월 16일 밤, 이 세상을 떠났다. 재가법사이자 평화운동가로 평생을 살아온 그는 광주 전남지역에서는 '행동하는 양심'로 불렸다. 생전 그는 선禪을 일상에서 구현하는 일에 매진했고, 그 결과물의 하나인 『할』을 '생활선 모임'의 이름으로 지난 1992년에 출간했으나, 절판된 채 어느 헌책방 한 귀퉁이에 자리 잡았다. 먼지를 털어내고 숨겨둔 저자의 이름을 꺼내어 정의행 법사 4주기를 맞아 다시 펴낸다. 그가 '군소리'라며 선의 언어에 덧붙인 말이 선의 참뜻을 전달하는 데는 더할 나위 없을 것이다. 평생을 진정한 삶의 주인으로 온몸으로 살아낸 '광주의 붓다'를 오늘 다시 만난다.

김성동

(머리말)

할(喝)! 이게 무슨 소리일까? 자다가 봉창 뚫는 소리인가? 천만에! 컴퓨터 같은 머리를 자랑하던 사람도 이 소리 끝에 처참하게 깨졌고, 일자무식 땔나무꾼도 이 소리 끝에 환하게 깨쳤다. '갈파(喝破)하다'라는 말의 뿌리이기도 한 이 소리는 곧 선사(禪師)의 외마디 고함 소리다. 선문답(禪問答)을 나눌 때 상대방의 잘못된 생각과 막힌 것을 깨우쳐 주기 위해 버럭 지르는 소리가 바로 '할'이다.

보통 알아듣지도 못할 소리나 알쏭달쏭한 말을 가리켜, "선문답하고 있네"한다. 그만큼 선문답이 그동안 일반 대중과는 거리가 먼 선사들이나 스님들의 전유물이었음을 알 수 있다. 물론 선문답은 머리로 헤아리는 데 길들어진 사람들에게는 얼른 이해가 가지 않는 말들이다. 그것은 교훈이나 설교처럼 사람들을 설득하려 하지 않는다. 언제나 직관을 요구한다. 때로는 말 대신 "할!"하고 악을 쓰거나 몽둥이로 때리기까지 한다. 눈을 깜박거리기도 하고 갑자기 불자(拂子)를 집어 들기도 한다. 대화조차도 동문서답 같은 것이 많아 정말 알쏭달쏭하게 느껴지기도 한다. 정녕 선문답은 대중이 알아들을 수 없는 것일까?

선문답도 본래 사람들을 깨우치기 위한 대화일 터이다. 어떤 이는 그것을 극히 신비화하여, 깨친 사람만이 알 수 있는 소식(消息)이라고 한다. 그래서 보통사람으로서는 감히 범접할 수 없는 법령 같은 것이라 하여 '공안(公案)'이라고도 일컬었다. 따라서 선문답을 함부로 해석하는 것은 금기로 여겨졌다.

그러나 옛 선사들의 말씀대로 선사들의 온갖 말과 행동은 어디까지나 잘못된 생각에 빠진 사람들을 깨우치기 위한 방편일 뿐이다. 그것을 절대적인 것으로 여겨 특정한 사람이나 뛰어난 상근기上根機의 사람만이 향유한다면, 언제 사람들을 깨우치기 위한 방편으로 제 역할을 다할 수 있으랴?

우리가 그동안 가지고 있던 온갖 낡은 생각과 고정관념과 허위의식을 던져 버리기만 한다면, 선문답도 결코 어려운 것만은 아니다. 우리 마음의 눈을 가리고 있는 아집과 이기적 탐욕의 껍풀을 벗어 던지기만 한다면, 선문답이 결코 알쏭달쏭하게 느껴지지 않을 것이다.

선문답에는 선사들의 번뜩이는 기지와 명쾌한 직관의 지혜가 담겨 있다. 복잡하고 피곤한 세상을 살아가는 현대인들에게 그것은 무더운 여름날의 소나기처럼 시원함을 준다. 선문답은 무엇엔가 떠밀려 자신을 잃고 살아가는 현대인들에게 자기 삶의 주인으로서 세상을 살아가는 참된 지혜를 안겨준다.

수많은 선문답의 하나하나를 '화두話頭'라고 한다. 그 많은 화두 가운데 하나만 잡고 들어가도 모든 것을 깨칠 수 있다고 한다. 선문답 하나하나마다 상대가 달라 표현이

다를 뿐이지 깨우치고자 하는 것은 한 가지이기 때문이다. 그래서 참선 공부하는 사람들은 스승으로부터 화두 하나를 타 가지고 고양이가 쥐 노리듯 자나 깨나 앉으나 서나 골똘히 파고든다. 그러나 자칫 옛사람의 화두에 묻혀 오늘 이 자리의 살아있는 화두를 놓칠 수 있다. 타파해야 할 것은 옛사람의 화두만이 아니다. 이 시대 이 땅의 문제를 바로 보지 못한다면 제아무리 화두를 깨쳤다고 해도 그것은 거짓이다. 그런 화두는 이른 바 '사구死句'에 지나지 않는다.

선문답이 '사구'가 되지 않으려면 현실의 삶 속에서 조명되어야 한다. "평상심平常心이 도道"라는 말처럼 선禪은 일상생활과 결코 먼 것이 아니다. 선사들은 현실의 삶 바깥에서 깨달음을 찾은 게 아니라 먹고 입고 잠자고 일하는 일상생활 속에서 깨달음을 찾았다. 따라서 그들의 가르침도 이전의 교종教宗 불교처럼 학문적인 언어가 아니라 세상 사람들의 일상적인 말이나 행동으로 행해졌다. 본래의 선문답이 결코 어렵지 않은 것도 바로 이 때문이다. 후세에 와서 난해하게 된 것은, 그 언어가 특수한 사람들끼리나 알아들을 수 있는 언어로 변질되었기 때문이다. 또 옛 선사들의 특유한 고함과 기이한 행동을 그 참뜻은 망각한 채 겉모습만 흉내내기를 일삼았기 때문이다.

이 책은 선문답의 참뜻을 일반 대중에게 쉽게 전달하기 위해 엮어졌다. 수많은 선사의 어록 가운데서 되도록 일상적인 말로 나눈 선문답을 주로 뽑아 편역하였고, 선종 5가(임제종, 조동종, 법안종, 운문종, 위앙종)가 형성되기까지 마음의 등불을 이어 온 선사들이 거의 포함되었다. 선문답이란 게 본래 주로 일상적인 말로 이루어졌음을 확인할 수 있다.

그러나 아무리 일상적인 말로 되어 있다 하더라도 시대가 다르고 환경이 다르기 때문에 읽은 이에 따라서는 말 자체를 이해할 수 없는 선문답도 있을 것이다. 그래서 읽는 이의 이해를 돕기 위해 사족이지만 약간의 군소리를 붙이기도 했다. 이 군소리들은 선문답에 대한 해석이 아니라 어디까지나 군소리다. 읽는 이에 따라서는 전혀 쓸데없는 소리가 될 수도 있을 것이다. 되도록 자기 스스로 화두를 들고 '무슨 뜻일까?'하고 닭이 알을 품듯 간절히 의심을 품어 보기 바란다. 그래야만 화두에 대한 의심 덩어리가 문득 깨져 마음이 활짝 열리고 심오한 선의 경지를 직접 맛볼 수 있을 것이다.

이 책은 세 개의 장으로 나누어져 있다. 다 한 가지를 깨우치기 위한 것이니만큼 굳이 나눌 필요는 없지만, 역시 읽는 이의 편의를 돕기 위해 나누었다. 첫째 장은 대개 기지와 익살이 넘치는 재미나는 대화와 이야기들이다. 둘째 장은 곰곰이 씹어 볼 만한 뜻깊은 이야기들이며, 셋째 장은 전광석화 같은 직관을 요구하는 선문답들이다. 선문답을 더 많이 접하고 싶으면 이 책을 엮는 데 참고한 『조당집』『전등록』『마조어록』『벽암록』『임제록』『육조단경』『조주어록』『선문염송』 등 선사들의 어록을 보기 바란다.

아무쪼록 이 책을 읽는 독자께서 자신을 찾는 깨달음의 길에서 이 선문답들이 '달을 가리키는 손가락'이 되기를 바란다. 물론 손가락만 보지 말고 달을 보기를!

정의행

(차례)

**첫째 장
개한테 물어봐라**

1. 나무 불상을 쪼개 군불을 지핀 스님   20
2. 이 짐승이 어디서 왔냐?   22
3. 법당이 무너진다!   24
4. 나도 부처가 아니다   25
5. 어디, 죄를 가져와 보게나   27
6. 선사와 별난 아이   30
7. 벽돌 갈아 거울 만들기   32
8. 이게 뭐냐?   34
9. 물러설 수 없는 수레   36
10. 보살의 목말을 탄 사나이   38
11. 누워있는 부처   41
12. 내가 맨 먼저 지옥에 갈 거요   44
13. 이름 짓기   46
14. 꿈 이야기   48
15. 선사의 괭이   50
16. 그거 내 이름이야   52
17. 천하의 명주   54
18. 세상이 언제 안정되겠소이까?   56
19. 호떡   58
20. 멍텅구리 '할'   60
21. 금우 선사의 밥통춤   62

22. 새둥지 선사　64

23. 암자를 태워버린 할머니　66

24. 마음속의 바윗덩어리　68

25. 차나 마시게　72

26. 밥그릇이나 씻어라　74

27. 그럼 계속 들고 있게나!　76

28. 이놈의 당나귀가!　77

29. 허공을 잡으려면　78

30. 어떤 대결　79

31. 범에게 물린 선사　81

32. 저밖에 모르는 놈아!　83

33. 큰스님들을 달아보는 저울　85

34. 어디에 앉으시려오?　86

35. 불법이라면 나에게도 조금 있는데　88

36. 할 스님　90

37. 당나귀에게 채인 선사　91

38. 우물은 왜 파는가?　92

39. 어떤 마음에 점심하려우?　93

40. 가장 다급한 일　96

41. 개한테 물어 봐라　98

둘째 장
소를 타고 소를 찾느냐?

42. 아무 공덕도 없습니다 102
43. 성자라 할 게 없다오 105
44. 불안한 그 마음을 가져와 보아라 107
45. 번뇌를 끊는 법 110
46. 사슴은 잡을 줄 알면서 왜 자신은 못 잡나? 113
47. 진짜 목동 117
48. 지금 내가 어디 있소? 119
49. 스님은 왜 제가 가르침을 주지 않으십니까? 122
50. 왜 밖에서 찾느냐? 124
51. 매실이 익었구면 126
52. 일하지 않고서는 먹지도 않겠다 129
53. 지금 어디 있소? 131
54. 선사의 예배 134
55. 소를 타고서 소를 찾느냐? 136
56. 유마의 침묵 138
57. 온 세상이 다 약인가 140
58. 주인공아, 잘 있느냐? 142
59. 지금 안 하면 언제 하랴? 144
60. 감추지 않는 향기 146
61. 배고프면 밥 먹고 피곤하면 잠잔다 148
62. 추위나 더위가 오면 어떻게 피할까? 149

63. 깨달음의 불씨　151

64. 불성에 어찌 남북이 있으리오?　152

65. 불성은 항상 깨끗한데 어디에 먼지가 끼랴?　154

66. 네가 곧 부처야!　159

67. 요즘 이곳 쌀값은 어떤가?　160

68. 마침 내가 있었으니까　162

69. 미장일 하는 선사와 조수　163

70. 세 명이 먹기엔 부족하나 천 명이 먹으면 남는 떡　165

71. 달마가 서쪽에서 온 까닭은?　167

72. 서방 극락세계가 눈앞에　169

73. 비구니에게 당한 비구들　171

74. 나날이 좋은 날　174

75. 누가 너를 더럽히더냐?　176

76. 네가 바로　178

77. 내가 경전을 굴릴 것인가 경전이 나를 굴릴 것인가　180

78. 보기도 하고 보지 않기도 한다　183

셋째 장
병 속의 새를 꺼내려면

79. 너는 내 골수를 얻었구나　188

80. 누가 널 속박하더냐?　191

81. 허공이 폐하께 눈짓이라도 보냅니까?　194

82. 마음도 부처도 아니다　197

83. 내게는 닦을 도가 없다　199

84. 구름은 푸른 하늘에 있고 물은 병에 있다네　201

85. 일을 해보면 알 것이다　203

86. 고양이를 놓고 다툰 스님들　205

87. 비밀 중의 비밀　207

88. 나는 불성이 없다　209

89. 조사의 뒤를 잇지 않겠다　211

90. 쌀 한 톨의 의미　213

91. 어서 말을 해　216

92. 사람　219

93. 너도 없고 나도 없으면 누가 보겠느냐?　221

94. 찻잎 따기　223

95. 똥 막대기　224

96. 읽은 것이 무슨 경전이냐?　226

97. 법문이 끝났는데 왜 절을 하지 않나?　228

98. 부 대사의 강의　230

99. 백 척 장대 끝에서 한 걸음 더　232

100. 바쁘다 바빠! 234

101. 사람을 살릴 수도 있고 죽일 수도 있는 칼   236

102. 수로도 육로도 아닌 길   239

103. 손가락이 잘린 동자   241

104. 어떤 것이 본래의 마음입니까?   244

105. 선의 문에 들어가는 길   245

106. 주지 시험   246

107. 신발의 주인   248

108. 부모에게서 태어나기 전   250

109. 그는 나를 닮지 않고 나는 그를 닮지 않았네   252

110. 사람을 죽이는 칼, 살리는 칼   255

111. 병 속의 새를 꺼내려면   258

(첫째 장)

개한테 물어봐라

1 나무 불상을 쪼개 군불을 지핀 스님

어느 추운 겨울날
천연 선사가 길을 가다가 해가 저물어
혜림사라는 절에 들어갔다.
날씨가 몹시 추워 땔감을 찾다가 못 찾자,
그는 법당에 모셔 둔 나무 불상을 안고 나와
도끼로 탁탁 쪼개 군불을 지폈다.
활활 타오르는 불에 언 몸을 녹이고 있는데
그 절 스님이 보고 질겁하며 달려왔다.
"아니, 이 미친놈아! 부처님을 쪼개서 불을 피우다니
이게 무슨 짓이냐?"

그러나 천연은 천연스럽게 재를 뒤적거리며 말했다.
"사리를 찾는 중이오."

그 절 스님이 붉으락푸르락하며 말했다.
"이 미친놈아, 나무토막에서 무슨 사리가 나온단 말이냐?"

"그렇다면 왜 나를 욕하시오?"
천연이 천연스럽게 말했다.
길길이 뛰며 욕을 퍼붓던 스님도 말문이 막혔다.

(1) 선禪은 이처럼 부처가 우상화되는 것을 타파하고, 먹고 입고 잠자는 일상생활의 진실 속에서 깨달음의 본질을 찾았다.

2　이 짐승이 어디서 왔냐?

어느 날 덕산 선사가 방문을 열고 앉아 있는데
한 스님이 찾아왔다.
선사는 그를 보자마자 방문을 쾅 닫아버렸다.

그 스님이 문을 두드리자
선사는 "누구요?" 하고 물었다.

그 스님이 대답했다.
"사자 새끼요."

덕산이 문을 열자 그 스님은 절을 했다.

그러자 덕산은 갑자기 그 스님의 목을 타고 외쳤다.
"이 짐승이 어디서 왔냐? 이랴 이랴."

(2) 이 천진난만한 행동은 바로 무심無心의 경지에서 나오는 것이다. 마음에 아무런 꾸밈도 없고 헤아림도 없고 거짓이 없기에 거리낌이 없이 자유자재할 수 있는 것이다. 이것을 덕산은 "마음에 일이 없고 일에 무심하다"고 표현하였으며, 제자들에게도 항상 "무엇을 구하려 말고 쉬어라"고 하였다. 쉬어라! 잡념도 분별도 쉬고 참된 자유를 찾을 때 부처도 보살도 따로 없고 생사도 열반도 따로 없다. 그러기에 덕산은 부처를 신격화하는 데 반대하였다.

어떤 스님이 "부처란 누구입니까?"하고 묻자, 그는 서슴지 않고 "부처? 그야 서역의 노스님이지"하고 대답하였다. 결국 밖으로 부처를 찾지 말고 자기 삶의 진정한 주인인 자신을 찾으라는 소리다.

3 법당이 무너진다!

어느 날 약산 선사가 갑자기 소리를 버럭 질렀다.
"법당이 무너진다! 법당이 무너진다!"

그러자 절에 있던 대중들은 깜짝 놀라
모두 몰려나와 버팀목으로 법당을 고이고
야단들이었다.

그러자 약산은 손을 내저으며 말했다.
"허허, 내 뜻을 모르는구먼."
그러면서 열반에 들었다.

4 나도 부처가 아니다

하루는 젊은 선비가 조주 선사를 찾아왔다.
그는 선사가 가지고 있는 지팡이를 보고 말했다.
"부처님은 중생의 소원을 저버리지 않는다던데
정말 그렇습니까?"

"그렇소"

옳거니! 함정에 걸려들었군, 하며 선비가 말했다.
"그 지팡이를 갖고 싶은데요."

그러자 선사가 말했다.
"군자는 다른 사람이 좋아하는 것을 뺏는 법이 아니오."

선비가 웃으며 말했다.
"저는 군자가 아닙니다."

선사가 대꾸했다.
"나도 부처가 아니오."

(4) 조주 선사는 왕이 찾아와도 단정히 앉은 채 일어나지 않을 정도로 꿋꿋했다. "어떤 것이 스님의 가풍입니까"라는 질문에 "안으로 한 물건도 없고 밖으로 구하는 것이 없다"고 했다. 그의 선문답에는 이러한 가풍이 배어 있다. 개도 불성이 있느냐는 물음에 "무!"라고 대답했다는 선문답이나, 달마 조사가 서쪽에서 온 까닭이 무엇이냐는 물음에 "뜰 앞의 잣나무!"라고 대답했다는 선문답은 특히 유명하다.

그는 말뿐이 아니라 실제로 평생 무소유의 검소한 생활을 하였다. 그에게는 먹고 자는 일상생활이 그대로 선이었다.

5   어디, 죄를 가져와 보게나

어떤 사람이 혜가 선사를 찾아와 말했다.
"스님, 제 죄를 좀 없애 주십시오."
그 사람은 십여 년째 중풍을 앓고 있었다.
전생에 무슨 죄를 지었길래 이러는가 싶어
절박한 심정으로 호소하는 것이었다.

선사가 이 죄 많은 중생에게 말했다.
"어디, 죄를 가져와 보게나, 없애줄 테니."
중풍 환자는 한참 있더니 말했다.
"아무리 찾아도 찾을 수가 없는데요."

그러자 선사가 말했다.
"됐네. 난 이미 자네의 죄를 없애 주었네.
 자네는 그저 불佛·법法·승僧, 삼보三寶에 의지하기만 하게."

삼보가 뭔지 잘 모르는 그 사람은 다시 물었다.
"스님을 뵈오니 승보가 뭔지는 알겠습니다만
 어떤 것이 부처님이고 어떤 것이 법입니까?"

선사가 대답했다.
"마음이 부처요 마음이 법이니
 법과 부처가 다른 게 아니지. 알겠나?"

무릎을 탁, 치며 그 사람이 말했다.
"오늘에야 비로소 깨달았습니다.
 본질에서 죄란 안에도 밖에도 중간에도 없다는 것을.
 또 마음과 법과 부처가 다른 게 아니라는 것을."

선사가 고개를 끄덕이며 말했다.
"자네가 바로 승보일세.
 그러니 승려가 되어 이름을 승찬이라 하게나."

혜가의 말끝에 퍼뜩 깨우친 그 중풍 환자는
그 길로 출가하여 혜가의 법을 이었다.

(5) 절에 가서 참회하고 또 죄짓고
교회 가서 회개하고 또 죄짓고 하는 게
세상 사람들의 모순에 찬 행동이라
그래 가지고는 참회도 회개도 모두 헛된 면죄부일 뿐인데
이 사람은 단김에 죄의 뿌리를 뽑았다.
죄의 원인을 없애면
죄는 저절로 없어진다고
깨달은 사람, 붓다도 말했다던가.
죄 없는 죄만 붙잡고 나대봐야 죄가 사라질까.
그럴 시간에 할 일을 해야지.
혜가 선사만 하더라도 어지러운 시대를 만나 죄니 복이니 하는 걸 우려먹고 사느니보다 민중 속에 들어가 머슴일을 하며 천민들과 어울려 살았다. "큰스님이 왜 이런 천한 일을 하십니까?"하면 "내 마음을 길들이려 하는 일인데 무슨 소리냐?"하였다. 혜가 선사는 입만 살아있는 것들을 깨고 몸으로 가르치다가 앙심을 품은 어떤 법사의 모함으로 포악한 관리에게 잡혀 죽었다. 하지만 그가 벼린 선의 칼날은 폭력을 이겨내고 오래오래 전해졌다.

6   선사와 별난 아이

 도신 선사가 하루는 길을 가다가
 한 아이를 만났는데 얼굴 생김새가 특이하여
 보통 아이들과 다른 걸 보고 물었다.
"성^姓이 무엇이냐?"
"성이 있긴 하지만 보통 성이 아닙니다."

 똑똑하다 못해 당돌한 아이였다.
 일곱 살쯤밖에 안돼 보이는 어린아이가 벌써부터
 어른과 말놀이를 하잔다.

 선사가 다시 물었다.
"그래, 성이 무엇인데?"
 아이가 서슴없이 대답했다.
"불성이지요."

 불성이라니? 녀석이 고아라더니
 성을 모르는가 싶어 선사는 그 아이에게 말했다.
"너, 성이 없는가 보구나."
 그러자 웬걸, 이 아기 어디서 주워들었는지 바로 대꾸하고
 나섰다.
"성이란 공^空하니까요."
 성씨의 성^姓이 아니라 본성의 성^性을 말함이었다.

사물의 본성은 공적空寂하여
고정 불변하는 것은 없다는 게 불교의 진리인데
설마 어린아이가 이걸 알 줄이야.

그렇다면 아까 아이가 말한 '불성'이란 말도
부처의 본성, 부처의 종자란 말이더냐.
기가 막혔다. 과연 부처의 종자였다.

7   벽돌 갈아 거울 만들기

마조 스님이 젊어서 좌선에 열중하고 있을 때였다.
스승 회양 선사가 그에게 다가와 물었다.
"무엇하려고 좌선하느냐?"

마조가 대답했다.
"부처가 되려고 합니다."

그러자 선사는 갑자기
벽돌 하나를 집어 가지고 와서 돌에다 갈기 시작했다.

마조가 물었다.
"무엇 하려고 그러십니까?"

선사가 대답했다.
"거울을 만들려고."

마조는 픽 웃으며 말했다.
"벽돌을 간다고 거울이 됩니까?"

선사가 되물었다.
"그러면 좌선만 한다고 부처가 된단 말이냐?"

선사는 또다시 되물었다.
"소가 수레를 끌고 가는데 수레가 움직이지 않으면
 채찍질을 수레에 해야 할까, 소에게 해야 할까?"
"……"

마조가 대답을 못하자
선사는 친절하게도 일러 주었다.

"선이란 앉거나 눕는 것만이 아니고
부처란 꼭 앉아 있는 것만이 아니다.
앉아 있는 불상처럼 그저 앉아 있기만 하면
그것은 부처를 죽이는 짓이다.
앉아 있는 모양에만 집착하면 진리에 이르지 못하는 거야."

8   이게 뭐냐

마조 선사가 제자 백장과 함께 들길을 가고 있었다.
발자국 소리에 놀라 길섶에서 무언가 푸드득 날아갔다.

 선사가 백장에게 물었다.
"뭐냐?"

 백장이 대답했다.
"들오리입니다."

 선사가 다시 물었다.
"어디로 갔지?"

 백장이 대답했다.
"저쪽으로 날아갔습니다."

 그러자 선사는 곧 백장의 코를 비틀었다.
"아얏!"

 선사는 웃으며 말했다.
"날아갔다더니 여기 있지 않느냐?"

 그 순간 백장은 크게 깨쳤다.

(8) 이 선문답은 보통 "이 뭣고?"라는 화두로 널리 알려져 있는 선문답이다. "뭐냐?"고 묻는 선사의 질문의 표적은 바로 백장 자신이었건만 백장은 이것을 깨닫지 못하고 그만 들오리에 정신이 팔리고 말았다. 바깥 환경에 휘둘리는 사람들에게 문제는 바로 주인공인 자신에게 있음을 일깨우는 기상천외한 선문답이다.

9 물러설 수 없는 수레

어느 날 은봉 스님이 흙을 담은 수레를 밀고 가는데
스승 마조 선사가 길바닥에 다리를 뻗고
앞길을 가로막고 있었다.

은봉이 스승께 말했다.
"스님, 다리 좀 치워주십시오."

선사는 버티며 말했다.
"한번 뻗었으니 치울 수 없다."

은봉도 지지 않고 말했다.
"저도 앞으로 나가고 있으니 물러설 수 없습니다."
그리고는 곧 수레를 밀고 지나갔다.
그 바람에 선사의 다리가 깔려 다치고 말았다.

선사는 법당에 돌아와 도끼를 들고 외쳤다.
"아까 내 다리 깔아뭉갠 놈 나와!"
은봉이 썩 나서서 마조 앞에 목을 뺐다.
그러자 마조는 곧 도끼를 내려놓았다.

(9) 은봉은 어려서부터 모든 일을 스스로 결단하는 등 철저히 자주적인 인간이었다. 그가 끝내 거꾸로 서서 열반에 들자, 그의 누이동생은 이렇게 말했다. "오빠가 생전에 낡은 법도라곤 따르지 않더니 죽어서도 사람들을 당황하게 만드네!"

노동하는 삶 속에서 스승과 당당하게 맞부딪치며 불퇴전의 정진을 하는 그의 꼿꼿한 면모는 진정한 참선 수행이 무엇인가를 보여준다. 실천만큼은 스승이라 할지라도 양보하지 않는 선의 기상이 있었기에 선의 명맥은 줄기차게 이어졌던 것이다.

낡은 것을 따르지 않고 끊임없는 자기 혁신 속에 앞으로 계속 전진하는 그의 기상은 자주적인 인간상, 바로 그것이기에 마조는 도끼를 내려놓을 수밖에 없었으리라.

임제 선사가 말했다.

"가는 곳마다 주인이 되어라. 그러면 선 자리가 다 진실되리라."

10 보살의 목말을 탄 사나이

천연 선사가 출가하기 전
과거시험을 보러 가다가 한 스님을 만났다.
그 스님이 이 길손에게 물었다.
"어디까지 가십니까?"
"관리를 뽑는 과거장에 갑니다."
"그래요? 하지만 관리로 뽑히는 게
부처로 뽑히는 것만이야 하겠습니까?"
"예? 어디 가면 부처를 뽑는답니까?"
"강서의 마조 대사에게 한번 가보시오."
그 길로 발길을 돌려 강서로 가서 마조 대사를 뵙자
마조가 말했다.
"남악의 석두 선사를 찾아가 보게나."

남악에 찾아가니 과연 석두가 받아 주었다.
거기서 세 해 동안 온갖 잡일을 하며 행자 생활을 하던 어느 날 석두 선사가 그 절에 있는 대중들에게 말했다.
"내일은 불전 앞의 잡초를 베자."
이튿날 대중들은 모두 나와 호미를 들고
잡초를 베러 나왔다.
그런데 유독 이 행자는 대야에 물을 담아
선사 앞에 나와 무릎을 꿇는 게 아닌가!
선사는 그를 보고 빙그레 웃으며 머리를 깎아 주었다.

이제야 스님이 된 것이다.
곧이어 계법사가 계율을 설하려는데
그는 두 손으로 귀를 막고 뛰쳐나갔다.

그리고는 그 길로 마조 대사가 있는 절을 다시 찾아갔다.
그는 절에 도착하자마자 마조를 뵙기는커녕
스님들이 있는 승당에 들어가더니
보살상의 목에 걸터앉았다.
그러자 스님들은 깜짝 놀라
이 미친 중을 끌어내리려고 법석을 떨었다.
바깥이 떠들썩하자 마조가 물었다.
"무슨 일이냐?"
"웬 미친놈이 승등에 들어와
거룩하신 보살님을 모독하고 있습니다."
그 말을 듣고 마조는 직접 승당에 들어가 보았다.
지난번 자기를 찾아왔던 사람이
까까머리를 하고서 보살상의 목말을 타고 있는 게 아닌가.
"허허, 천연스럽군."
마조가 한 마디 뇌까리자
그는 곧 내려와서 마조에게 절하며 말했다.
"스님께서 제 법호를 지어 주시니 감사합니다."
여기서 바로 '천연'이라는 이름을 얻게 된 것이다.

이때 마조가 한 마디 덧붙였다.
"석두의 길이 미끄러워 너를 미끄러뜨렸구나."
그러자 천연이 대꾸했다.
"미끄러졌으면 못 왔지요."

11 누워 있는 부처

조주 선사가 어린 사미승 시절,
남전 선사를 스승으로 모시고자 찾아왔다.
때마침 선사는 방 안에 누워 쉬고 있었다.

조주가 인사하는 걸 보고도 선사는 누운 채 말했다.
"어디서 왔느냐?"

조주가 대답했다.
"서상원瑞傷院에서 왔습니다."

서상원은 상서로운 모습이라는 뜻을 가진 절이었다.
선사는 그 말을 붙잡고 늘어졌다.
"그래, 상서로운 모습이라도 보았느냐?"

조주가 대답했다.
"상서로운 모습은 못 보고
누워있는 부처님은 보았습니다."
누워있는 남전 선사를 빗대는 말이었다.

선사는 벌떡 일어나 앉으며 물었다.
"너는 스승이 있는 사미냐, 스승이 없는 사미냐?"
이제야 관심이 동한 것이다.

조주가 대답했다.
"스승이 있는 사미입니다."

선사가 물었다.
"네 스승이 누구냐?"

그러자 조주는 대답 대신 넙죽 엎드려 절하며 말했다.
"아직 쌀쌀한데 스님께선 기거하시는 데 불편함이 없으신지요?"

그러자 선사는 쓸만한 놈 하나 건졌다고 생각하고
절 살림 맡은 스님을 부르더니 말했다.
"이 사미승을 따로 잘 모셔라."

(11) 서상원에서 스승을 찾지 못한 조주가 남전 선사를 스승으로 모시고자 하는 기발하고도 조심스런 기지가 엿보이는 선문답이다. 아직 어린 사미승이지만 그의 뛰어남을 바로 알아차리고 제자로 받아들이는 남전 선사의 도량도 돋보인다.

12 내가 맨 먼저 지옥에 갈 거요

 어떤 관리가 조주 선사를 찾아와 물었다.
"큰스님도 지옥에 갑니까?"

 선사는 대뜸 대답했다.
"내가 맨 먼저 갈 거요."

 황당한 기분으로 관리가 물었다.
"도인이 왜 지옥에 갑니까?"

 선사가 되물었다.
"지옥에 안 가면 어떻게 당신을 볼 수 있겠소?"

(12)　아마도 이 관리는 봉건 시기의 대다수 관리들이 그랬던 것처럼 백성들을 못살게 구는 탐욕스러운 관리였을 것이다. 조주 선사는 그 특유의 독설로 그 탐관오리를 깨우치려 했다.

13 이름 짓기

당나라의 재상 배휴 거사가
하루는 작은 불상을 받들고서 황벽 선사를 찾아와 말했다.
"스님, 이 부처님의 이름을 좀 지어 주시겠습니까?"

그러자 선사는 말했다.
"배휴!"

"예?"

느닷없이 자기를 부르는 소리에
배휴는 깜짝 놀라 대답했다.

선사가 말했다.
"이미 이름을 지어 주었소."

(13) 선의 세계는 철저한 자각의 세계다. 밖으로 부처님의 이름을 구하는 이에게 황벽 선사는 진정한 주체를 일깨운 것이다. 주인공은 불상이 아니라 바로 네 자신임을 아느냐 모르느냐? 하고 말이다.

14 꿈 이야기

하루는 위산 선사가 낮잠을 자는데
제자 앙산 스님이 들어왔다.
선사는 잠이 깨서 벽으로 돌아누웠다.
그러자 앙산이 말했다.
"스님, 왜 그러십니까?"
선사가 대답했다.
"꿈을 꾸고 있던 참이야. 무슨 꿈인지 알고 싶냐?"
그러나 앙산은 말없이 밖에 나가더니
대야에 물을 떠 가지고 와서 말했다.
"스님, 세수나 하시지요."
세수하고 앉아 있는데
이번에는 또 다른 제자 향엄 스님이 들어왔다.
위산은 그에게도 물었다.
"아까 꿈을 꾸었는데 무슨 꿈인지 알고 싶어?"
그러나 향엄은 아무 대꾸도 안 하고
잠자코 밖에 나가 차를 달여 오더니 말했다.
"스님, 차나 한 잔 드시지요."
그러자 위산 선사를 혼잣말로 뇌까렸다.
"허허, 두 사람의 견해가 사리불보다 더 낫구나."

(14) 스승이 던지는 낚시에 걸리지 않는 제자들의 이야기다. 어떤 환상에도 사로잡히지 않는 깨달음이 최상의 지혜이다. 그런데 도대체 스승은 왜 낚시를 던졌을까?

15 선사의 괭이

하루는 황벽 선사가 밭에서 괭이질을 하고 있는데
그 제자 임제 선사가 뒤에서 따라왔다.
선사는 임제가 빈손으로 따라오는 것을 보고
"괭이는 어디에다 두었어?"하고 물었다.

임제가 대답했다.
"누가 가져가 버렸습니다."

그러자 선사가 말했다.
"가까이 와 보아라. 너와 의논할 일이 있다."

임제가 가까이 다가오자
황벽이 괭이를 세워놓고 말했다.
"이것만은 세상 어느 누구도 들지 못하리라.
이걸 들 수 있는 사람이 있을까?"

그러자 임제는 곧바로 괭이를 낚아채어 세우고 말했다.
"어떻습니까? 제 손안에 있지요?"
황벽이 이걸 보고 대중들에게 말했다.
"오늘 들 일을 이끌고 할 사람이 여기 있다."

(15) 노동과 함께 어우러진 건강하면서도 해학적인 선문답이다. 임제는 스승의 괭이를 빼앗아 스스로 세움으로써 자신의 자주성을 과시했지만, 자기도 모르게 스승의 낚시법에 걸리고 말았다. 하지만 이것은 또한 임제에게 법을 전하는 스승의 배려이기도 했다.

16 그건 내 이름이야

어느 날 혜적 선사가 혜연 선사에게 물었다.
"자네 이름이 뭔가?"

혜연이 대답하였다.
"혜적입니다."

혜적이 말했다.
"그건 내 이름이야."

그러자 혜연은 다시 말했다.
"제 이름은 혜연입니다."

혜적이 껄껄껄 웃었다.

(16) 군소리가 필요없다. 혜적이니 혜연이니 내오 네오가 필요 없는 경지. 하지만 거기 머무르지 않고 다시 각자 스스로의 주인공임을 확인하는 유쾌함이 껄껄 웃음 속에 들어 있다.

17 천하의 명주

청세라는 스님이 조산 선사를 찾아와서 말했다.
"청세는 외롭고 가난합니다.
 스승님, 제발 저를 구원해주십시오."

그러자 조산은 느닷없이 그를 불렀다.
"청세 큰스님!"

큰스님이라니!
하지만 청세는 엉겁결에 대답했다.
"예."

선사가 말했다.
"천하의 명주를 석 잔이나 마시고도
 아직 입술도 적시지 못했다 하느냐?"

(17) 선사는 왜 엉뚱하게도 제자를 큰스님이라고 불렀을까? 자기 자신이야말로 자기 문제를 풀 수 있는 주체이거늘 밖으로 구원을 찾아 큰스님에게 매달리는 것은 부질없는 일이다. 자신을 구원할 자는 바로 자신인 것을. 그런데 여기서 '천하의 명주 석 잔'이란 무엇을 말하는 것일까? 물론 술은 아닐 테고.

18 세상이 언제 안정되겠소이까?

때는 중국 당나라 말, 곳곳에서 반란이 일어나
온 세상이 난리통이었다.
반란을 진압하려는 군대의 말발굽이
도응 선사가 있는 운거산까지 이르렀다.
군대가 절에 들어오자 스님들은 모두 달아나 버리고
선사만이 남아 의연히 앉아 있었다.
군대를 이끄는 장군이 인사도 안 하고 앉더니
선사에게 대뜸 물었다.
"세상이 언제 안정되겠소이까?"

선사가 대답했다.
"장군의 마음이 안정되길 기다렸다가 안정될 것이오."

장군은 깜작 놀라 선사에게 큰절을 올렸다.

(18) 당나라 말, 지배자의 억업과 수탈에 시달리다 못해 곳곳에서 벌떼같이 일어난 민중들의 반란을 진압하는 관군의 횡포는 이루 말할 수 없는 것이었다. 관군의 말발굽이 이르기도 전에 절간의 스님들조차 다 달아나 버릴 정도였으니까. 이러한 상황에서 도응 선사는 '안정'을 내세우며 자신을 떠보는 관군의 장군 코를 납작하게 만들어 버린다. 세상의 안정을 논하기 전에 너나 좀 안정하라는 소리다.

19 호떡

어떤 스님이 운문 선사에게 물었다.
"부처도 조사도 뛰어넘는 말은 어떤 겁니까?"

그러자 운문 선사가 대답했다.
"호떡!"

(19) 참으로 간단한 선문답이지만 해학과 기지가 넘친다. 부처나 조사와 같은 신성한 것에 대한 집착을 '호떡'이라는 일상적인 사물로 깨뜨린 것이다. 중생이 없으면 부처도 없고 도^{道}라는 것도 일상을 떠나서는 존재할 수 없는 것이니까.

20 멍텅구리 "할"

어떤 스님이 목주 선사의 절에 찾아왔다.
선사가 그에게 물었다.
"어디서 왔는가?"

찾아온 스님이 곧 "할!" 했다.
우리 말로 하자면 이런 것이다.
"꽥!"

그러자 선사가 말했다.
"허허. 내가 한 번 당했군."
그 스님이 또 "할!"했다.

그러자 선사가 물었다.
"세 번 네 번 '할!' 한 뒤엔 뭐 할래?"
너, 오리냐? 꽥꽥거리게? 이런 말이다.

그의 말문이 막히자 선사가
"이 멍텅구리야!"
하고 뒤통수를 후려쳤다.

(20) "할!"이란 선문답에서 막힌 것을 깨우쳐 주기 위해 소리를 버럭 지르는 것이다. 하지만 거기서 더 나아가지 못하고 그런 걸 흉내내기나 일삼는다면 그야말로 멍텅구리 아닌가. "할!"은 어디까지나 깨침의 수단일 뿐인 것을.

21 금우 선사의 밥통춤

금우 선사는 점심 때만 되면 밥통을 들고
승당 앞에서 춤을 추며 껄껄 웃으며 말했다.
"보살들아, 와서 밥 먹게나."

후세의 어떤 스님이 장경 선사에게 물었다.
"옛날 금우 선사가 '보살들아, 와서 밥 먹어라' 하신 건
무슨 뜻이었습니까?"

장경 선사가 대답했다.
"밥 먹을 때 의식 같은 거지!"

(21)　선의 경지란 일상생활을 떠나 따로 있는 게 아니다. 추우면 옷 입고 배고프면 밥 먹는 것이다. 그래서 밥통을 들고 춤추는 것도 공양의식과 다를 게 없다. 일과 놀이, 의식과 춤, 선과 밥이 통일된 거리낌 없는 삶이 진정한 선이다.

22   새둥지 선사

'새둥지'라는 별명을 가진 선사가 있었다.
날마다 소나무 꼭대기에 올라가
가부좌를 틀고 좌선하기 때문에
'새둥지'란 별명이 붙은 게다.
하루는 고을 태수이며 시인으로 이름난 백낙천이 찾아왔다.
그는 까마득한 소나무 꼭대기에 앉은 새둥지 선사를 보고
걱정되어 큰소리로 외쳤다.
"스님 계신 곳은 몹시 위험합니다."

그러자 새둥지 선사도 위에서 소리쳤다.
"태수가 더 위험한 것 같소."

백낙천은 어이가 없어 소리쳤다.
"이 고을 태수인 제게 무슨 위험이 있겠습니까?"

새둥지 선사는 되려 걱정스럽다는 듯 말했다.
"생각이 가만히 있지 않고 땔나무에 불붙듯 일어나는데
어찌 위험하지 않단 말이오?"

그때서야 말뜻을 알아듣고 백낙천이 물었다.
"무엇이 불법의 요지입니까?"

새둥지 선사가 외쳤다.
"모든 악 짓지 말고 온갖 선을 행하시오!"

백낙천은 속으로 픽 웃으며 말했다.
"세 살 먹은 아이도 그런 말은 하겠습니다."

새둥지 선사가 외쳤다.
"세 살 먹은 아이도 말할 수 있겠지만
여든 먹은 노인도 행하지 어렵지요."

23   암자를 태워버린 할머니

옛날 어떤 암자에 스무 해 동안이나
한 스님을 모시고 뒷바라지해 온 할머니가 있었다.
어느 날 할머니는 젊은 딸을 시켜 그 스님을 껴안게 했다.
딸이 스님을 껴안으며 물었다.
"이럴 때 심경이 어떠세요?"

스님은 말했다.
"마른 나무가 차가운 바위에 기대고 있으니
겨울철에 따스한 기운이라곤 없도다."

딸에게서 이 말을 전해 들은 할머니는
"스무 해 동안이나 공양해 온 게 겨우
그런 속물이었단 말이냐?"
하며 스님을 쫓아내고 암자를 태워버렸다.

(23)　애욕을 끊고 유혹에 흔들리지 않는 저 스님의 경지야말로 성자의 경지가 아닐까? 그런데 할머니는 그 성자를 속물이라고 욕하며 쫓아내 버렸다. 진정한 깨달음은 목석같은 것이 아니리라. 죽어버린 고목이 어찌 꽃을 피우랴? 애욕을 버렸다는 관념마저 버리고 거룩함과 속됨의 분별을 뛰어넘을 때 따스한 체온을 느낄 수 있는 살아있는 부처가 되리라. 참 부처는 중생의 아픔을 자기의 아픔으로 느낀다. 애욕을 넘어선 자비!

24 마음속의 바윗덩어리

법안 스님이 수행하며 돌아다니다가
폭설을 만나 길이 막혀 어떤 절에 들어갔다.
화롯가에 앉아 불을 쬐고 있노라니
그 절에 사는 나한 선사가 다가와 물었다.
"어디 가는 길인가?"

법안이 대답했다.
"돌아다니는 중입니다."

선사가 또 물었다.
"무엇하러 돌아다니는가?"

법안도 선깨나 한 스님이라
선사의 낚시에 걸려들지 않았다.
"모르겠습니다."

선사가 빙그레 웃으며 말했다.
"모른다는 게 가장 가까운 대답이지."

며칠 묵다가 눈이 그쳐 법안이 떠나려고 하자
나한 선사가 그에게 물었다.
"그동안 들어보니 자네는 노상 '온 누리가 다 마음일 뿐이며

모든 것이 오직 의식'이라고 하던데
그럼 저 뜰에 있는 바위는 자네 마음 속에 있는가
아니면 마음 밖에 있는가?"

모든 게 오직 마음이기에 법안이 자신있게 대답했다.
"제 마음속에 있지요."

고개를 끄덕거릴 줄 알았던 선사는 웬걸,
혀를 끌끌 차며 말했다.
"허허, 돌아다니는 중이 마음속에 바윗덩어리를 넣고
무거워서 어떻게 다니려고 그러느냐?"

아차! 법안은 아무 대꾸도 하지 못하고
그 문제를 해결하려고 거기 주저앉았다.
달포 가까이 고민한 뒤에 자기 견해를 말했지만
선사의 답변은 이랬다.
"불법이란 그런 게 아니다!"

마침내 법안은 두 손을 들었다.
그는 선사에게 말했다.
"이제는 할 말이 없습니다."

그러자 선사가 말했다.
"불법이란 모든 것이 이루어져 있는 것이지."

그 말을 듣고 법안은 마침내 깨쳤다.

(24) 선에서 불법이란 언어로 표현할 수 있거나 그에 대한 견해를 나타낼 수 있는 것이 아니라고 한다. 사물의 있는 그대로의 모습이 곧 불법이기에.

25 차나 마시게

어떤 스님이 조주 선사를 찾아왔다.
선사가 그에게 물었다.
"여기 온 적이 있나?"

그 스님이 대답했다.
"처음입니다."
"그래? 차나 마시게."

그때 또 다른 스님이 찾아오자 그에게도 물었다.
"여기 온 적이 있나?"
그 스님이 대답했다.
"예, 온 적이 있습니다."
"그래? 차나 마시게."

이것을 보고 그 절의 스님이 선사에게 여쭈었다.
"스님은 왜 이곳에 온 적이 있는 사람이나
 온 적이 없는 사람이나
 다 '차나 마시게'라고 하십니까?"

선사가 말했다.
"자네도 차나 마시게."

(25) 이 선문답에서 저 유명한 '조주끽다^{趙州喫茶}'라는 화두가 나왔다.

26 밥그릇이나 씻어라

　선방에서 참선 공부하는 어떤 스님이 조주 선사에게 말했다.
"제자는 이 선방에 들어온 지 얼마 되지 않습니다.
　큰스님께서 잘 지도해주십시오."

　그러자 엉뚱하게도 선사가 말했다.
"아침은 먹었느냐?"

"예."

"그럼 어서 가서 밥그릇이나 씻어라."

(26) 선방이란 스님들이 참선 공부하는 방이자 학교다. 조주 선사의 스승 남전 선사가 "도란 무엇입니까?"라는 조주의 질문에 "평상심이 도"라고 대답했듯이 조주는 일상적인 삶 속에서 자기 할 일을 스스로 내나가는 것이 바로 선의 길임을 제자에게 일깨워 준 것이다. "밥그릇이나 씻어라"는 말은 결국 자기 삶의 주인이 되라는 가르침이다. 본래 불가에서는 공양하고 나서 자기 밥그릇을 스스로 씻는다.

27 그럼 계속 들고 있게나!

어떤 스님이 조주 선사를 처음 뵙고 말했다.
"빈손으로 왔습니다."

선사가 말했다.
"그럼 내려놓게나!"

찾아온 스님이 낯을 붉히며 말했다.
"아무것도 안 가져왔는데요."

선사가 말했다.
"그럼 계속 들고 있게나."

28   이놈의 당나귀가!

  지장 선사가 황제의 사자와 함께 식사하는데
당나귀가 히힝 하고 울었다.
  사자는 스님을 놀리려고 당나귀를 보며
"이놈의 중이!" 하고 눈을 흘겼다.

  그러자 지장은 사자를 바라보며 말했다.
"이놈의 당나귀가!"

  사자가 꼼짝 못했다.

29 허공을 잡으려면

혜장 선사가 지장에게 물었다.
"자네, 허공을 잡을 줄 아는가?"

지장이 대답했다.
"잡을 수 있지요."

선사가 물었다.
"어떻게?"

지장이 손으로 허공을 잡는 시늉을 했다.
그러자 선사가 핀잔을 주었다.

"그런 식으로는 허공을 잡을 수 없지."
"사형은 어떻게 잡습니까?"

혜장 선사가 느닷없이 지장의 코를 힘껏 잡아당겼다.
"아얏! 코 빠지겠소."

"이렇게 잡아야지."

어떤 대결

운암 스님이 지상 선사를 찾아왔다.
지장 선사는 운암을 보더니 갑자기
활을 쏘는 시늉을 했다.

운암은 한참 있다가
칼을 빼는 시늉을 했다.

그러자 선사가 말했다.

"너무 늦었어."

(30) 선은 행동이다. 헤아리고 따진 뒤에 하는 행동이 아니라 일이 닥치는 대로 자유자재 기민하게 대응하는 행동이다. 그러기에 선사들의 선문답은 항상 불꽃이 튄다.

31 범에게 물린 선사

황벽이 어디를 다녀오자
스승 백장 선사가 그에게 물었다.
"어디 갔다 오느냐?"
황벽이 대답했다.
"산 아래 내려가 버섯 좀 따왔습니다."
선사가 다시 물었다.
"산 아래서 큰 벌레 한 마리 못 보았느냐?"
그러자 황벽이 갑자기 범 울부짖는 소리를 냈다.
"어흥!"

백장 선사는 곧 허리춤에서 도끼를 빼들고
찍으려고 달려들었다.
황벽도 질세라 범처럼 덮쳤다.
선사는 하하하 웃으며 자기 방으로 돌아갔다.

나중에 백장 선사는 제자들에게 말했다.
"이 산 아래 큰 벌레 한 마리가 있으니
너희들도 잘 살피도록 해라.
나는 오늘 그놈한테 한 입 물렸다."

(31) 범을 만나면 대결이 있을 뿐 무슨 분별이 필요하랴.

32 저밖에 모르는 놈아!

황벽 선사가 여행을 하다가
천태산에서 한 이상한 스님을 만났다.
길벗이 되어 서로 농담을 주고받으며 길을 가는데
물살이 세차게 여울져 흐르는 계곡에 이르렀다.
황벽이 지팡이에 의지하여 서 있는데
그 스님은 황벽에게 그냥 건너가자고 했다.
하지만 황벽은 마음이 내키지 않았다.
그러자 그 스님은 마치 땅 위를 걷듯
물 위를 걸어서 어느새 계곡을 건너갔다.
저 기슭에 다다른 그는 황벽을 향해 소리쳤다.
"어서 와! 어서 와!"
황벽은 그 소리를 듣고 고함을 버럭 질렀다.
"야, 이 저밖에 모르는 놈아!
내 진작 알았더라면 네놈의 다리를 분질러 줄 걸!"

그러자 이상한 스님은 말했다.
"자네는 참 대승의 큰 그릇일세.
난 역시 자네 상대가 못돼."
이렇게 탄식하고는 어디론가 자취를 감추었다.

(32) 저밖에 모르는 사람, 아집에 찬 사람은 제아무리 뛰어난 재주가 있다 하더라도 쓸모가 없다. 대중과 더불어 살지 못하고 대중에게 별 도움을 주지 못하기 때문이다. 대승불교란 다른 게 아니라 대중과 더불어 사는 길, 대중과 함께 가는 길이다.

33 큰스님들을 달아보는 저울

문장가로 이름을 떨치던 소동파는
웬만한 선사들을 보고는 콧방귀를 뀌었다.
어느 날 승호 선사를 만나 서로 인사를 하는데
소동파는 자기 성을 "칭"가라고 소개했다.
'저울 칭秤'자 '칭'가라는 것이다.

"칭가라니요?"
선사가 고래를 갸웃하며 물었다.

소동파가 회심의 미소를 지으며 말했다.
"천하에 내노라는 큰스님들을 달아보는 저울이란 말이오."

그러자 선사는 "할!" 하고 외친 뒤 말했다.
"이것은 몇 근이나 되겠소?"

"……"
천하의 소동파도 말문이 막히고 말았다.

34 어디에 앉으시려오?

소동파가 불인 선사를 찾아갔더니
때마침 손님들이 많이 와 있어
소동파가 앉을 자리가 없었다.
선사가 그에게 말했다.
"의자가 없는데 어쩌지요?"
소동파가 농으로 대꾸했다.
"불인 선사의 4대 색신을 좀 빌어서 앉을까요?"

선사는 흔연히 맞받아 말했다.
"그럼 제가 문제를 내어 거사께서 맞추면
제가 의자가 되어 드리고
만일 맞추지 못하면 거사의 허리띠를
제게 풀어주기로 하면 어떻겠소?"
내기를 하자는 것이다.
소동파가 제 재주를 믿고 선뜻 응했다.
"좋습니다. 어디 문제를 내 보십시오."

선사가 문제를 냈다.
"거사께서 제 4대 색신을 의자로 빌려 쓰자고 했소만
4대란 본래 공한 것인데 거사는 어디에 앉으시려오?"

이 육신을 이루는 물질도 기운도

끊임없이 변화하므로 실체가 없거늘
어디에 걸터앉을 테냐는 거였다.

"……"
소동파는 아무 대꾸도 못하고 꼼짝없이
허리띠를 풀어주고 돌아갔다.

35 불법이라면 나에게도 조금은 있는데

 조과 선사를 가까이서 모시던 제자 하나가
어느 날 선사께 하직 인사를 올리자, 선사가 물었다.
"어디로 가려고?"
 제자가 대답했다.
"다른 곳으로 불법을 배우러 가려고요."
 오랫동안 선사를 모셔봤지만
배울 게 없다고 여겼던 모양이다.
그도 그럴 것이 조과 선사는 '새둥지'란 별명 그대로
허구한 날 높다란 나무에 올라가 가부좌를 틀고
묵묵히 좌선이나 했지 무엇 한 마디 가르친 적이 없었다.
더더구나 베옷 한 벌로 뼈가 앙상하도록 청빈한 수도 생활
만 하니 제자로서도 배겨 내기가 힘들었으리라.

 그래서 마침내 결심하고
다른 데로 불법 배우러 떠난다고 하직 인사를 하자
선사의 대꾸가 걸작이다.
"그래? 불법이라면 나에게도 조금은 있는데?"
 그러자 제자가 어이없다는 듯 물었다.
"어떤 것이 스님의 불법인데요?"
 선사는 대답 대신 걸치고 있던 베옷에서
실오라기 한 올을 뽑아 제자에게 보였다.
그 순간 제자는 퍼뜩 깨쳤다.

(35) 선의 세계는 말로 표현할 길이 없다고 한다. 이것을 이른바 '언어도단^{言語道斷}'이라고 하는데, 보통 언어도단이라는 말이 잘못 쓰이기 일쑤다. 말도 되지도 않는 소리를 가리켜 '언어도단'이라고들 하니 말이다. '선문답'이라는 말이 '알쏭달쏭한 말'이나 '동문서답' 따위로 왜곡되어 쓰이듯이 말이다. 그러나 사실 '언어도단'이란 말을 표현할 길이 끊어진 선의 세계를 말한다. "문자로 표현하지 않고$^{(不立文字)}$, 곧바도 사람의 마음을 가리킨다$^{(直指人心)}$"는 말과도 같다.

불법을 묻는 제자의 질문에 아무 말 없이 자기 옷에서 실오라기 한 올을 뽑아들어 보이는 선사의 모습을 보면 저 유명한 '염화시중^{拈花示衆}의 미소'가 떠오르지 않는가. 부처님이 말없이 꽃을 집어 드니 제자 가섭이 홀로 빙그레 웃음지었다는 이야기 말이다.

36   할 스님

중국 당나라 무종이 도교에 깊이 빠져
절과 불상을 부수고 불교를 탄압하자
암두 선사는 호숫가에서 나룻배 사공 노릇을 하였다.
호수 양쪽 기슭에 판자를 세워놓고 망치를 걸어두었다.
손님이 다가와 망치로 판자를 치면
배를 몰고 가서 건네주었다.

한번은 선비 옷을 걸치고 삿갓을 쓰고서
비구니스님들의 절에 놀러 갔는데
때마침 스님들이 밥을 먹고 있었다.
하지만 아무도 같이 먹자고 하는 사람이 없자,
선사는 당당하게 부엌에 들어가 밥을 손수 찾아 먹었다.
어린 사미니가 이를 보고 다른 스님들에게 이르니
스님들이 지팡이를 들고 쫓아왔다.

그때 선사가 삿갓 끈을 풀고 삿갓을 들어 올렸다.
스님들이 깜짝 놀라 소리쳤다.
"에구머니, 할 스님이로구나!"
그러자 선사가 외쳤다.
"할!"

37 당나귀에게 채인 선사

소산 스님이 암두 선사를 뵈러 찾아왔다.
선상에 앉아 있던 선사는 그를 보자마자
고개를 떨구고 자는 체했다.
소산은 가까이 다가가 오랫동안 기다렸다.
하지만 선사는 계속해서 자는 체했다.
그러자 소산은 선상을 두드리며 선사의 팔을 흔들어 깨웠다.
"뭐냐?"
선사는 깨는 체하며 말했다.
그러자 소산이 엉뚱하게도 말했다.
"스님, 더 주무십시오."
"하하하"
선사는 크게 웃으며 말했다.
"내가 30년 동안 말타기를 익혔는데
오늘 아침 당나귀에게 채이다니!"

38 우물을 왜 파는가

 장강사(將江寺)의 스님이 시주를 모으러 돌아다니고 있었다.
 어떤 곳에 갔더니 그곳 사람이 아니꼽다는 듯 말했다.
 "돈을 걷어 무엇을 하시려우?"

 스님이 정중하게 대답했다.
 "우물을 파려고 그럽니다."

 그러자 그 사람이 말장난처럼 또 물었다.
 "절 이름이 이미
 강물을 끌어들인다는 뜻인 '장강(將江)'인데
 우물은 왜 파요?"

 스님이 당황하여 아무 대꾸도 못하고 있자,
 때마침 거기 있던 흠산 선사가 대신 말했다.

 "온갖 것이 흘러드는 강물을 마시지 않으려고 그럽니다!"

39 어떤 마음에 점심하려우?

『금강경』에 능통한 덕산이라는 스님이 있었다.
사람들이 그를 가리켜
'『금강경』왕'이니 '주금강'이니 할 정도였다.
그런데 그때 남쪽에서는
'마음이 곧 부처'라는 선의 바람이 휘몰아쳤다.
덕산은 이 마구니들을 깨버리려고
『금강경』해설서를 한 짐 짊어지고 남쪽으로 길을 떠났다.
남녘에 이르러 하루는 떡 파는 할머니를 만났다.
시장기를 달래려고 덕산은 그 할머니에게 물었다.
"점심을 하려는데 떡값이 얼마요?"

그러자 할머니는 덕산의 바랑을 가리키며 물었다.
"스님 바랑 속엔 무엇이 들어있소?"

덕산이 대답했다.
"불경 해설책이오."

할머니가 또 물었다.
"무슨 경전을 해설한 책이오?"

'아따 이 할머니가 떡이나 팔 것이지!' 생각하며 덕산은 귀찮다는 듯이 대꾸했다.

"『금강경』이오."
"그래요? 그럼 이 할매가 하나 물어봅시다.
 대답만 잘하면 떡을 거저 드리다."

 떡 한번 먹기 힘드네, 하면서 덕산은 말했다.
"물으시구려."

"『금강경』을 보니까 말이우,
'과거 마음도 잡을 수 없고,
 현재 마음도 잡을 수 없고,
 미래 마음도 잡을 수 없다'고 했는데,
 스님은 지금 어떤 마음에 점심點心하려우?"

 기가 막혔다. '어떤 마음에 불을 켜느냐'는 말이다.
 천하의 『금강경』 법사도
 이 질문엔 한 마디 대꾸도 할 수 없었다.
 점심할 생각도 잊은 채 덕산은
『금강경』 해설서가 가득 든 무거운 바랑을
 자기도 모르게 떨치고 말았다.

(39) 떡 파는 할머니가 허기진 스님을 앞에 두고 '점심點心'이란 말로 시험을 한다. 스님이 지금 점심을 들려고 떡 좀 달라고 하는데 '어떤 마음에 점심을 하려는 거냐?'는 떡장수 할머니의 매서운 질문에 『금강경』박사가 아무 대꾸도 못하다니! 마음도 모든 사물처럼 변화무쌍한 것. 과거의 마음은 이미 지나가 버렸으니 잡을 수 없고, 현재의 마음도 고정되어 있는 게 아니니 잡을 수 없고, 미래의 마음은 아직 일어나지도 않았으니 또한 잡을 수 없지 않은가. 그러니 어떤 마음이 진짜 마음인가? 도대체 마음은 어디에 있는가? 어디, 네 마음을 찾아 보아라. 이것이 선의 과제다.

40 가장 다급한 일

참선 공부하는 어떤 스님이 조주 선사에게 물었다.

"스님, 가장 다급한 일이 무엇입니까?"

그러자 선사는 다급하게 일어나며 말했다.

"오줌 좀 눠야겠네.
이런 작은 일도 이 늙은 중이
스스로 해야 되지 않겠나?"

(40) 참선 공부하는 데 가장 다급하고 절실한 대목을 묻는데 조주 선사는 오줌 좀 눠야겠다고 일어선다. 아닌 게 아니라 그로서는 지금 가장 다급하고 절실한 일이 아닌가! 또 오줌 누는 일을 남이 해줄 수 없듯이 자기의 근본적인 고통도 남이 해결해 줄 수 없다. 선이란 정녕 일상적인 삶을 떠나 존재하는 게 아니다. 배고프면 밥 먹고 목마르면 마시고 하는 것도 선이 될 수 있다. 산중에 앉아 있는 게 선이 아니라 대중과 더불어 살며 행동하는 것도 선이다. 무엇보다도 자기 삶의 주인이 된다면 앉거나 눕거나 일거수 일투족이 다 선이 된다.

41 개한테 물어 봐라

어느 날 조주 선사에게 한 제자가 물었다.
"개에게도 불성이 있습니까?"

선사가 대답했다.
"없지."

다른 제자가 또 물었다.
"개에게도 사람처럼 불성이 있습니까?"

선사가 대답했다.
"있지."

제자가 다시 물었다.
"그러면 왜 사람이 되지 못하고
 개의 가죽을 쓰고 있습니까?"

선사가 말했다.
"개한테 물어봐라."

(41) 당장에 제 자신의 불성도 찾지 못하고 있는 주제에 개의 불성이 있느냐 없느냐 따위의 형이상학적 문제에 빠져서 헤맬 것인가?

경전의 해석에 매여 실천과는 동떨어져 있던 교종에 반대하여 새로 일어난 선종은 "문자를 세우지 않는다"는 입장에 섰다. 게다가 현학적인 이론으로 귀족불교가 되어버린 교종과는 달리 일상적인 말로 민중들을 일깨웠다. "자기가 자기의 주인임(自性)을 깨치면 부처가 된다(見性成佛)"는 선종의 혁명적인 주장은 "범부를 뒤집어 성인이 되게 하였다"는 말처럼 당시 민중의 잠든 의식을 깨웠다.

(둘째 장)

소를 타고 소를 찾느냐

42 아무 공덕도 없습니다

달마 대사가 인도에서 중국으로 왔다.
양나라 무제의 초청을 받고 갔더니 무제가 이렇게 물었다.
"짐이 왕위에 오른 뒤 이루 다 헤아릴 수 없이
많은 절을 짓고 경전을 베껴 쓰고 많은 스님들을 양성했는
데 어떠한 공덕이 있겠소?"
무제는 황제의 몸으로
절의 노비가 되기를 지원할 정도로 독실한 신자였다.
하지만 아직 자기를 완전히 버리지 못하고
은근히 티를 내고 있었다.

그런 질문에 달마는 딱 잘라 말했다.
"아무 공덕도 없습니다."

무제는 반감이 솟구쳤다.
"왜 공덕이 없단 말이오?"

친절하게도 달마는 이렇게 일러주었다.
"그런 일은 겨우
인간 세계나 천상에 태어나려는 욕심이 깃든 것이라
형체에 따르는 그림자처럼 시답지 않습니다."

무제는 성질 급하게 다그쳤다.

"그렇다면 어떤 것이 참된 공덕이란 말이오?"

달마는 험상궂은 얼굴과는 달리 퍽이나 자비로웠다.
제아무리 황제라 해도
후세의 선사들 같으면 지금쯤 벼락이 떨어졌으련만
달마는 고분고분 대꾸해 주었다.

"해맑은 지혜야말로
절묘하고 원만하면서도 스스로 고요합니다.
이러한 공덕은 세상 욕심으론 못 구합니다."

(42) 쾌락을 구하는 마음, 생을 구하는 마음, 좋은 일을 하고 명성을 구하는 마음, 이 세 가지 마음은 잘못된 집착을 일으킨다. 모든 탐욕을 버리고 해탈을 얻은 사람은 구하는 마음이 없기에 집착이 없다. 구하는 마음이 사라짐에 따라 욕심과 의심이 없어진다.

- 이티붓타카(여시어경) 54.

43 성자라 할 게 없다오

양나라 무제가 달마 대사에게 물었다.
"성자의 첫 번째 진리는 어떤 겁니까?"

허허, 확 트인 진리의 세계에는 성자니 속인이니 차별이 없
건만 아직도 그 어떤 거룩한 경지를 찾고 있구만.
안쓰러운 마음에 달마는 이렇게 말했다.
"확 트인 거기에는 성자라 할 게 없다오."

이런! 성자도 뭣도 없다면 도대체 당신은 뭐하는 사람이야?
무제는 화가 치밀었다.
"그렇다면 짐을 대하고 있는 사람은 누구란 말이오?"

이번에는 달마가 무뚝뚝하게 말했다.
"모르겠소."

(43) 모르다니! 무제는 여지없이 뒤통수를 맞은 꼴이었다. 하지만 뒤통수를 맞고라도 깨우쳤더라면! 쯧쯧, 인연이 없는 사람. 그토록 친절하게 가르쳐줘도 알아듣지 못하자 달마는 떠났다. 양자강 건너 북쪽으로. 갈대잎을 타고 갔다던가. 무제가 앙심을 품고 자객을 뒤따라보내 해하였던가. 양자강 물결 따라 유언비어가 퍼지건만 모르쾌라.
달마가 서쪽에서 온 까닭은?
다시 북쪽으로 간 까닭은?

44 불안한 그 마음을 가져와 보아라

달마 대사는 양나라 무제와 말이 안 통하자
양자강을 건너 숭산 소림굴에 처박혀
벽만 맞대고 앉아 있었다.
최고의 지성, 가장 독실한 신자로 자처하는
한 나라의 황제도 말이 안 통하니
차라리 벽을 마주 보고 있는 게 낫겠다고 여겼는지
말 한 마디 없이 아홉 해 동안이나 앉아 있었다.
그러던 어느 해 겨울
혜가 스님이 찾아와 가르침을 청했다.
하지만 달마는 잠자코 좌선만 계속했다.
그러는 동안 굴 밖에 눈이 소복이 쌓여 혜가의 무릎까지 찼다.

달마는 비로소 입을 열었다.
"눈 속에 서서 무엇을 찾느냐?"

혜가는 얼어붙은 눈을 번쩍 뜨며 얼른 대답했다.
"스님, 정법을 가르쳐 주시어 중생을 건져 주십시오."

달마가 대꾸했다.
"그까짓 뜻으로 어떻게 정법을 구하겠다는 거냐?"

이 무슨 말인가. 하지만 혜가는 역시 예리했다.

말이 떨어지기가 무섭게 칼을 빼더니
제 팔 하나를 잘라 땅에 던졌다.
구도의 붉은 피가 하얀 눈 위에 뿌려졌다.
하지만 마음속은 아직 지옥이었다.

혜가가 엎드려서 애타게 호소하였다.
"제 마음이 불안합니다. 마음을 편하게 해 주십시오."

혜가의 마음이 불안하다 못해 애가 타건만
달마는 무심하게도 말했다.
"그래? 그러면 그 마음을 가져와 봐라. 편하게 해주마."

아니! 혜가는 어안이 벙벙했다.
살을 에는 추위도, 뼈를 끊는 아픔도 일순간 멎는 듯했다.
마음이 뭐길래.
한참 뒤 그는 기진맥진한 채 말했다.
"아무리 찾아 보아도 찾을 수가 없습니다."

그러자 달마가 말했다.
"됐다. 난 네 마음을 이미 편하게 해주었다."

아하! 혜가는 크게 깨우쳤다.

불안은 사라지고
마음은 눈 덮인 산하처럼 평화로웠다.
아니, 산하 이전의 대지처럼
대지 이전의 허공처럼.

45 번뇌를 끊는 법

한 제자가 혜가 선사에게 말했다.
"저에게 번뇌를 끊는 법을 가르쳐 주십시오."

선사가 되물었다.
"번뇌가 어디에 있기에 끊으려 하느냐?"

제자가 뒤통수를 맞는 기분으로 대답했다.
"어디에 있는지 모르겠습니다."

그러자 선사가 말했다.
"어디에 있는지 모른다면 허공과 같은 걸
어떻게 끊는단 말이냐?"

제자가 따졌다.
"그래도 경전에 이르기를
모든 악을 끊고 모든 선을 행해야
부처가 될 수 있다고 하지 않았습니까?"

선사가 웃으며 대답했다.
"악이니 선이니 하는 게 다 망상이지.
제 마음에서 생기는 거야."

제자는 은근히 반감이 치밀어 올랐다.
아니, 스님이 감히 부처님 말씀을 부정하는 게 아니야?
"그게 다 망상이라니, 왜 망상입니까?"

선사는 제자의 마음을 알고 친절하게 일러 주었다.
"비유를 하나 들어보자.
너희 집 뜨락에 바위가 있는데
네가 그 위에 누워 잘 때나 앉아 있을 때에는
전혀 놀라거나 두려워하지 않겠지?
그러다가 그 바위로 불상을 만들거나
거기에 부처님을 그린다면 어떻게 될까?
네 마음이 그것을 부처님으로 알고
감히 그 위에 걸터앉을 생각을 하지 못하겠지?
그게 본시 돌일 뿐인데.
다 네 마음이 그렇게 만든 것이지.
너의 생각 때문이야.
어찌 실체가 있겠느냐?
모두 너의 망상이 만든 것이지."

번뇌란 눈앞의 괴로운 일과 즐거운 일에 대하여 탐욕이나 증오심을 내거나 어리석은 망상을 일으켜 몸과 마음을 어지럽히는 것을 말한다. 그래서 불교에서는 번뇌를 질병이나 장애, 악마 따위에 비유한다. 특히 헛된 망상은 번뇌의 주된 요인이 되므로 번뇌와 망상을 한데 묶어 '번뇌 망상'이라는 말을 자주 쓴다. 불교의 수행은 이 번뇌 망상을 끊는 것을 주요한 목표로 삼는다. 그래서 불교도의 4대 맹세이자 기원인 '사홍서원'에 "번뇌가 끝없어도 기어이 다 끊으오리다"라는 서원이 들어있다. 또 108개의 나무 열매를 꿰어 돌리는 백팔 염주도 108가지에 이른다는 이 번뇌를 끊고자 만든 것이다.

그러나 대승불교나 선종에서는 깨달은 눈으로 보며 번뇌라는 것도 본래 뿌리가 없는 것이므로 굳이 끊고 말 것도 없다. 심지어 어두운 현실 바깥에 따로 깨달음이 있을 수 없으므로 "번뇌가 곧 보리"라고 한다.

46 사슴은 잡을 줄 알면서 왜 자신은 못 잡나?

혜장 선사는 본래 사냥꾼이었는데
스님들을 보기 싫어했다.
어느 날 사슴 떼를 쫓다가
마조 선사의 암자 앞까지 오게 되어 마조와 마주쳤다.
속으로 '재수없군!' 하면서 사냥꾼이 물었다.

"스님, 혹시 사슴이 지나가는 걸 못 보았소?"
 선사는 대답 대신 그에게 되물었다.
"자네는 무엇 하는 사람인가?"
 사냥꾼이 퉁명스럽게 대답했다.
"사냥꾼이오."
"자네, 활 잘 쏘는가?"
 선사가 난데없는 질문을 던졌다.
"잘 쏘지요."
 사냥꾼이 귀찮다는 듯이 대꾸했다.
"화살 하나로 몇 마리를 잡는가?"

선사는 꼬치꼬치 물었다. 뭐 하자는 건지!
"화살 하나로 한 마리 잡지, 몇 마리를 잡아요?"
 사냥꾼의 속이 뒤틀리기 시작했다.
 선사는 피식 웃으며 비아냥거렸다.
"잘 못 쏘는구먼."

이 스님이 나에게 시비를 거는 건가?
사냥꾼은 불쾌한 얼굴로 말했다.
"스님은 잘 쏘시오?"
선사는 기다렸다는 듯이 말했다.
"암, 잘 쏘지."
피식, 하고 웃음이 나왔지만 사냥꾼은
내친 김에 물고 늘어져 보자는 기분으로 말했다.
"화살 하나로 몇 마리를 잡는데요?"
"화살 하나로 한 무리를 잡지."

중생 구제란 개념 자체를 모르는 사냥꾼이
이 말을 알아들을 리 없었다.
이 땡추 봐라? 하면서 사냥꾼은 따졌다.
"그것들도 다 생명있는 것들인데 그렇게 떼거리로 잡아도 됩니까?"

"자네는 그런 것까지 알면서 왜 자신을 잡지 못하나?"
이 말에 사냥꾼은 정신이 번쩍 들었다.
사슴 노루 잡을 줄만 알았지
자신을 잡을 생각은 꿈에도 해본 적이 없지 않은가?

사냥꾼은 새삼 진지해진 마음으로 말했다.

"제 자신을 잡으려 해도 손쓸 수가 없는데요."
그러자 선사가 말했다.
"이 사람아, 자네의 묵은 무명 번뇌가 오늘 끝장나 버렸네."

사냥꾼의 마음에 선사의 화살이 꽂혔다.
그는 곧장 사냥에 쓰던 자기 화살을 꺾어 버렸다.
이제 더 이상 사냥꾼이 아니었다.

하지만 사냥꾼 출신인 이 스님은
뭇 생명을 죽이던 화살을 꺾어버린 대신
뭇 생명을 살리는 새 화살을 얻었다.
그래서 누구든지 자기를 찾아오면
눈앞에서 활시위를 당기며 "화살을 보라"고 외쳤다.

(46) 삶에 밀착된 일상적인 주제로 대중을 교화한 마조의 생활선, 그 본면목을 볼 수 있다. 이런 대중적인 면모와 혁신적인 교화 방편 때문에 그는 어느 선사보다도 많은 천여 명의 제자들을 양성하고 선종을 크게 떨칠 수 있었다.

47 진짜 목동

어느 날 혜장 스님이 부엌에서 일하고 있는데
마조 선사가 다가와 물었다.

"무엇 하는가?"

혜장이 엉뚱하게 대답했다.
"소를 치고 있습니다."

선사가 물었다.
"어떻게?"

혜장이 대답했다.
"풀밭에 들어가려고 하면 바로 고삐를 잡아당기지요."

그러자 선사가 고개를 끄덕끄덕하며 말했다.
"자네가 진짜 목동일세."

(47) 부엌일을 하면서 소를 치고 있다니! 수행자에겐 일상생활의 모든 일이 곧 수행이다. 특히 마조의 선은 늘 일상생활 속에서 주체적으로 깨치는 삶을 강조하였다. 그래서 "일용日用이 곧 묘용妙用"이라고 했다. '소'는 불가에서 보통 마음을 비유하는 말이며, '풀밭'은 무명 번뇌를 비유한다. 선의 수행도 바로 이 마음이 번뇌에 빠지지 않도록 잘 다스리는 일에 지나지 않는다. 부처님의 시집이라고 할 수 있는 『법구경』에도 마음 다스리는 일을 노래한 시가 나온다.

> 마음은 흔들리기 쉬어
> 지키기 어렵고 다스리기 어렵다.
> 지혜로운 사람은
> 활 만드는 장인이 화살을 곧게 만들 듯
> 스스로 마음을 바로 잡는다.
>
> -『법구경』 33.

48 지금 내가 어디 있소?

혜충 선사가 당나라 국사로 있을 때
인도에서 '큰귀'란 이름의 삼장 법사가 왔다.
큰귀는 남의 마음속을 다 아는
타심통他心通이라는 신통력을 가지고 있었다.
임금이 금세 그에게 마음을 빼앗긴 걸 보고
혜충 선사는 그를 만나 물었다.
"타심통을 얻으셨다면서요?"

큰귀는 겸손을 떨며 말했다.
"천만에요."

혜충은 그를 시험해보려고 이렇게 말했다.
"지금 내가 어디 있는지 말해 보시오."

큰귀는 말했다.
"스님은 한 나라의 국사인데 어찌 산에 가서
원숭이 노는 것이나 구경하고 계시오?"
혜충 선사가 그런 생각을 하고 있는 것을
훤히 들여다보고 하는 말이다.

혜충 선사가 다시 다른 생각을 하며 물었다.
"지금은 내가 어디 있소?"

"스님은 한 나라의 국사로서 왜 천진교 다리 위에 가서 뱃놀이 따위나 구경하고 계시오?"

혜충 선사는 다시 물었다.
"지금은 내가 어디 있소?"

그런데 이번에는 한참 들여다보아도
마음이 어디 갔는지 알 수 없었다.
혜충 선사는 생각을 끊어버린 것이다.

큰귀가 아무 대답도 못하자
선사는 버럭 소리를 질렀다.
"이 여우 같은 놈아! 타심통이 어디 있느냐?"
그러자 '큰귀'는 아무 대꾸도 못하고 슬금슬금 꽁무니를 뺐다.
임금도 헛된 것에 마음이 팔렸던 자신을 뉘우치고
제 정신을 차리게 되었다.

(48) 잔재주로 임금의 마음을 사로잡고 우쭐대는 삼장 법사를 통쾌하게 깨우쳐 준 혜충 선사의 이 이야기는 우리에게 겸손의 교훈을 준다.

49 스님은 왜 제게 가르침을 주지 않으십니까?

숭신 스님이 도오 선사를 극진히 모신 지도 여러 해다.
그런데도 선사는 도무지 가르치는 말씀 한 마디 없었다.
숭신이 답답한 나머지 하루는 선사에게 물었다.
"스님은 왜 제게 가르침을 주지 않으십니까?"
선사가 대답했다.
"네가 여기 온 뒤로 내가 너에게
 가르침을 주지 않은 적이 없는데?"
숭신은 황당한 생각이 들어 곧바로 따졌다.
"예? 언제 저를 가르치셨습니까?"
선사는 빙그레 웃으며 말했다.
"아, 이 녀석아. 네가 차를 가져오면 마셔 주었고
 음식을 가져오면 먹어 주었고
 네가 인사를 하면 머리 숙여 답례해줬지 않느냐?"
그러자 숭신은 잠시 동안 고개를 숙이고
멍하니 생각에 잠겼다.
이때 선사가 호되게 꾸짖었다.
"보면 곧장 볼 것이지 생각은 무슨 생각이냐?
 생각하면 곧 어긋나는 거야."
그 말끝에 숭신은 깨쳤다.

(49) 선의 특징을 말할 때 "가르침 외에 따로 전한다(敎外別傳)"느니 "말이나 문자를 내세우지 않는다(不立文字)"느니 하는 말이 있다. 선은 굳이 말로써 가르치는 것이 아니라는 말이다. 배고프면 먹고 목마르면 마시고 하는 일상생활 속에서 주체적이고 창조적인 활동을 하는 것이 바로 선이다. 그래서 마조의 수제자 남전 선사도 "평상심平常心이 도道"라는 유명한 말을 남긴 것이다.

50   왜 밖에서 찾느냐?

대주 스님이 마조 선사를 찾아왔다.
마조가 그에게 물었다.
"어디서 왔는가?"
대주가 대답했다.
"월주 대운사에서 왔습니다."
마조가 또 물었다.
"무엇 하러 왔는가?"
대주가 대답했다.
"불법을 구하려고 왔습니다."
그러자 마조가 꾸짖었다.
"네 자신의 보물창고는 버려두고 무엇하러 집을 떠나 헤매고 다니느냐? 내게는 하나도 줄 것이 없는데 무슨 불법을 찾느냐?"
대주는 절을 올리고 나서 다시 물었다.
"어떤 것이 제 보물창고란 말입니까?"
선사가 대답했다.
"지금 내게 묻는 놈이 바로 네 보물창고지.
조금도 모자람이 없이 모든 것이 갖춰져 있어.
마음대로 쓸 수 있는데 왜 밖에서 찾느냐?"
이 말끝에 대주는 퍼뜩 깨쳤다.
그리고 저도 모르게 덩실덩실 춤을 추었다.

(50) 대주 스님은 이렇게 깨친 뒤 항상 바보스럽고 어눌한 모습을 보였다고 한다. 그래서 자기를 찾아와 선에 대하여 묻는 선승들에게 이렇게 말하곤 했다.

"여보게, 나는 선을 모른다네. 또 남들에게 무엇 하나 가르친 적이 없다네. 그러니 괜히 오래 서서 고생하지 말고 쉬었다 가게."

그의 이러한 말을 보거나 마조 선사와의 대화를 보거나, 선이란 결국 가르침이 아니라 주인된 자신을 찾는 일임을 알 수 있다. 그래서 『법구경』에서도 이렇게 읊었다.

> 자기야말로 자신의 주인
> 어찌 주인이 따로 있으랴
> 자기를 잘 다루면
> 얻기 힘든 주인을 얻으리

- 『법구경』 160.

51 매실이 익었구먼

젊은 시절 대매大梅 선사가 마조 선사를 처음 뵙고 물었다.
"부처란 무엇입니까?"

마조 선사가 대답했다.
"마음이 곧 부처지."

이 말을 듣고 대매는 바로 깨쳤다.
그리고 그 길로 깊은 산에 들어가 숨어 살았다.

마조 선사가 그 소식을 듣고
그를 시험해 보려고 한 스님을 보냈다.
그 스님이 대매를 찾아가 물었다.
"스님은 마조 선사를 보고 무엇을 얻었기에
이 산에 들어와 사시오?"

대매가 대답했다.
"마조 선사께서 내게 그러시더군. 마음이 곧 부처라고.
그래서 그 길로 여기 들어와 산다네."

찾아간 스님이 말했다.
"마조 선사의 요즘 설법은 다른데요."

대매가 물었다.
"어떻게 다른가?"

그 스님이 대답했다.
"요즘에 마음도 아니고 부처도 아니라고 말씀하시죠."

대매는 대수롭지 않다는 듯 말했다.
"그 늙은이가 뭐라고 하든 나는 오로지 마음이 곧 부처야."

대매를 만났던 그 스님이 돌아가 마조 선사에게
그대로 보고하니 마조가 말했다.
"매실이 익었구먼."

(51) 대매는 비록 마조 선사의 말을 듣고 깨쳤지만 더이상 스승만을 추종하지 않는다. 그는 이미 자주적인 인간으로서 무르익은 것이다.

52 일하지 않으면 먹지도 않겠다

백장 선사는 평소에 제자들에게
"일하지 않으면 먹지도 말라"고 하였다.
그래서 이제까지 신도들의 시주에 의지해 살던 스님들은
손수 밭을 갈고 땀흘려 일하며 살게 되었다.

백발 노인이 되어서도 백장 선사는
괭이를 놓지 않고 일했다.
늙으신 몸으로 그러다가 큰일 날까 걱정이 된 제자들이
제발 일 좀 그만 하시라고 말씀드려도 소용없었다.
제자들은 마침내 노스님의 괭이를 감춰버렸다.

노스님은 괭이를 찾다 못 찾자 단식을 시작했다.
제자들이 깜짝 놀라 선사께 물었다.
"왜 공양을 드시지 않습니까?"

그러자 노스님은 정색하며 말했다.
"하루 일하지 않았으니 하루 먹지 않는 거야."
제자들은 할 수 없이 괭이를 돌려드렸다.

(52) 백장 선사는 중국불교 최초로 노동을 도입했다. 그래서 승려들이 신도들의 시주에만 의존하여 사는 기생적인 삶을 청산하고 건강하게 노동하며 수도하도록 아예 제도화했다. 그것이 바로 유명한 '백장청규百丈淸規'라는 선종 승려들의 생활 규율이다. 백장 선사는 신도들의 복이나 빌어주고 기도나 해주며 먹고 살아가는 여느 '성직자'와는 달랐다.

53　지금 어디 있소?

당나라 재상 배휴가
한번은 황벽 선사가 있는 절에 놀러 왔다.
그 절의 벽에 그려진 옛 고승의 진영을 보고는
안내하던 그 절 스님에게 물었다.
"이게 무슨 그림이오?"
스님이 대답했다.
"고승의 진영입니다."
배휴가 다시 물었다.
"그림은 볼만하오만 고승은 지금 어디 있소?"
이 물음에 그만 스님은 말문이 막혔다.

그러자 배휴가 다시 물었다.
"이곳에 참선하는 스님은 없소?"
이렇게 말귀도 알아듣지 못하는 사람뿐이냐는 것이었다.
"근자에 한 스님이 들어왔는데
잘은 모르겠습니다만 참선하는 스님 같습니다."
안내하던 스님이 바짝 오그라들어 말했다.
배휴가 배를 내밀며 말했다.
"어디 한번 만나 봅시다."

법당 청소를 하고 있던 황벽 선사를 데리고 오자
배휴는 다시 아까와 똑같이 물었다.

초면인데 인사도 안 나눈 채 완전히 시험하는 투였다.
그러자 황벽은 느닷없이 큰 소리로
"배휴!" 하고 불렀다.
"예?"
배휴는 엉겁결에 대답했다.
'이 자가 감히 재상의 이름을 불러?' 할 겨를도 없이.

"지금 어디 있소?"

황벽의 이 말끝에 배휴는 깨쳤다.
그리고는 정중히 인사드리며 이렇게 말했다.
"스님이야말로 진짜 스승입니다.
사람을 이렇게 또렷이 깨우치는 훌륭한 분이
왜 이런 곳에 묻혀 계십니까?"
그러자 그 절의 스님들이 모두 놀랐다.
돌에 섞여 있던 옥을 미처 몰랐던 것이다.

(53) 지금은 이 세상에 없는 고승의 초상을 보고 고승이 지금 어디 있느냐고 물으니 말문이 막힐 수밖에. 하지만 배휴가 정작 물은 것은 그림 속 고승의 소재가 아니라 그 절에 지금 진정한 고승이 있느냐는 것이다. 그런데 그 절에 들어와 전혀 본색을 드러내지 않고 이름 없이 대중과 어울려 살고 있던 황벽 선사가 이 배휴의 물음에 답변한다. 겉으로 봐서는 동문서답 같은 엉뚱한 답변이지만 사실은 제대로 된 답변이다. 밖으로 고승을 찾는 배휴에게, 정작 찾아야 할 것은 네 자신임을 깨우쳐 준 것이다. 황벽 선사는 이 뜻을 직설적으로 설법하기도 했다.

> "마음이 곧 부처이므로 부처와 중생이 다를 게 없다. 그러나 중생들은 겉모양에 집착하여 바깥으로 부처를 찾는다. 이렇게 찾으면 오히려 부처를 잃는 것을."
>
> -『전심법요』

54 선사의 예배

당나라 선종 임금이 태자 시절
황벽 선사 밑에서 머리를 깎고 공부하는데
하루는 선사가 불전에 예배하는 것을 보고 선사에게 물었다.
"선사께서는
'부처님께 집착하여 구하지 말고
법에 집착하여 구하지 말고
대중에 집착하여 구하지도 말라'고 하셨으면서
정작 선사께서는 날마다 무엇을 구하려고 예배하십니까?"
선사가 대답했다.
"부처님께 집착하여 구하지 않고
법에 집착하여 구하지 않으며
대중에게 집착하여 구하지 않으면서, 이렇게 예배한다네."
태자는 이해가 가지 않는다는 표정으로 말했다.
"무언가 구하는 게 있기에 예배하시는 것 아닙니까?"
그러자 선사는 그의 뺨을 한 대 후려쳤다.
태자는 황당해하며 말했다.
"너무 거칠지 않습니까!"
그러자 선사는 이 텅 빈 허무에 빠진 태자의 뺨을
또 한 대 후려쳤다.
"여기에 무엇이 있길래 거칠다 부드럽다 하느냐?"
중 노릇 하려던 태자는 그만 줄행랑을 놓고 말했다.

(54) 선사가 부처님께 예배하는 것은 부처님께 무엇을 구하고자 함이 아니다. 그런데도 '구하지 말라'는 데만 집착하여 예배를 무조건 부정하는 것은 단견이다. 참된 예배는 부처님께 복을 비는 것이 아니라, 예배를 통해 참된 나를 찾고 이웃을 위한 서원誓願을 하는 것이다.

55   소를 타고서 소를 찾느냐?

대안 스님이 백장 선사를 뵙고 물었다.
"저는 부처님을 알고 싶습니다.
 부처란 누구입니까?"

백장 선사가 되물었다.
"소를 타고서 소를 찾느냐?"

대안이 마치 알아들은 양 고개를 끄덕이며 말했다.
"부처를 안 뒤에는 어떻게 해야 합니까?"

기다렸다는 듯이 선사가 대답했다.
"소를 탔으면 집에 가야지!"

대안이 비로소 퍼뜩 깨치고 나서 말했다.
"앞으로 어떻게 간직할까요?"
 깨달음의 경지를 어떻게 지킬 것인가 하는 물음이었다.

선사가 한심하다는 듯이 말했다.
"목동이 소 치는 것도 안 보았느냐?
 지팡이를 들고 지켜보면서
 남의 밭에 들어가지 못하게 하지 않더냐?"

(55) 선가에서는 마음을 찾는 공부를 소 치는 일에 비유하여 곧잘 십우도^{十牛圖}란 그림으로 묘사한다. 웬만한 절에 가면 대웅전 바깥 벽에 그려져 있는 그림이 바로 그것이다. 재미있는 것은 백장 선사가 말하듯 소^(마음)를 잘 지키는 데서 더 나아가 소를 풀어놓고 놀며, 마침내는 소도 잊어버리고 마을로 내려와 저자거리에서 자유자재하게 살아간다. 결국 대중과 함께 하는 삶이 선의 궁극임을 보여준다.

56 유마의 침묵

문수보살이 유마거사에게 문병 왔다.
유마거사가 문수보살에게 물었다.

"보살이 '둘 아닌 법문'에 들어간다는 건 어떤 걸까요?"

문수보살이 말했다.
"모든 것에 대하여 말할 수도 없고 설명할 수도 없고
보여줄 수도 없고 알 수도 없으며 문답할 수도 없는 것이
바로 '둘 아닌 법문'에 들어가는 것이라고 생각합니다."

이번에는 문수보살이 유마거사에게 물었다.
"당신 생각엔 어떠십니까?"

그러자 유마거사는 침묵했다.
침묵의 뜻을 알아차린 문수보살이 찬탄했다.
"훌륭합니다. 이 침묵이야말로 말할 수 없는
'둘 아닌 법문'입니다."

(56) 즉 불이법문不二法門이란 차별, 분별, 언어를 넘어선 진실, 진리의 세계다. 문수보살은 그 세계를 말로 설명했지만, 유마거사는 직접 보여주었다.

57 온 세상이 다 약인가

어느 날 문수보살이 선재동자에게 말했다.
"이 세상에서 약이 되지 않는 것을 가져와 보아라."

선재동자가 온 세상을 두루 다니며 찾아보았지만
약이 되지 않는 것이란 없었다.
그래서 문수보살에게 말했다.
"없습니다."

그러자 문수보살은 말했다.
"그럼 약이 되는 걸 찾아오너라."

선재동자는 풀 한 포기를 뜯어다 주었다.
그러자 문수보살은 말했다.
"이것은 사람을 죽이기도 하고 살리기도 한다."

(57) 이 세상에 약이 되지 않는 것이 없다. 약이 없던 시설에는 매 맞아 오른 장독을 푸는데 똥물을 쓰기도 했고, 어떤 명의는 기를 못펴는 아이에게 머슴들이 두던 장기를 삶아 먹이기도 했다고 한다. 몸의 병을 다스리는 약뿐만 아니라 마음의 병을 치료하고 지혜를 기르는 약도 마찬가지다. 『화엄경』에 등장하는 선재동자는 깨달음의 길을 찾아 다니며 스님이나 선생님뿐만 아니라 뱃사공이나 상인, 이교도나 어린이, 심지어 몸 파는 여인에게서조차 가르침을 받았다.

그러나 약도 독이 될 수 있다. 오늘날 수많은 약의 오용과 과용이 또다른 병을 낳고 있고, 지식도 잘못 쓰면 인간과 사회를 파멸시키는 무서운 독이 된 것을 많이 본다. 약이 사람을 살리는 약이 진짜 약이듯, 지식과 지혜도 백성을 속이고 죽이는 지식과 지혜가 되어서는 안 된다. 종교도 사람을 현혹시키고 현실에서 도피하는 것이 아닌, 사람을 깨치고 현실을 바로 보게 하는 길잡이가 되어야 할 것이다.

58 주인공아, 잘 있느냐?

선암 선사는 날마다
자신에게 묻고 스스로 대답했다.

"주인공아, 잘 있느냐?"

"잘 있다."

"눈 부릅뜨고 있느냐?"

"그래."

"늘 속지 마라."

"속지 않겠다."

(58) 선의 세계는 주인공을 찾는 길이다. 자신이야말로 본래 참된 주인공임을 깨닫는 것이다. 임제 선사가 말했다.

"이르는 곳마다 주인이 되면, 서 있는 곳이 다 진리의 세계다."

59 지금 안 하면 언제 하랴?

일본의 도원 선사가 송나라에 유학할 때
승용 스님이 공양주로 있는 항주 경덕사를 찾아갔다.
햇볕이 쨍쨍 내리쬐는 어느 무더운 여름 날,
뙤약볕에서 땀을 뻘뻘 흘리며
산에서 따온 송이버섯을 말리고 있는 승용 스님을 봤다.
도원 선사가 물었다.
"공양주 스님, 연세가 어떻게 되십니까?"
승용이 일손을 멈추지 않은 채 대답했다.
"그럭저럭 예순이 되었구려."
도원은 짐짓 놀라며 말했다.
"그러십니까? 그렇게 연로하신데
이런 일은 젊은 스님들에게 시키지 그러십니까?"
승용이 말했다.
"다른 사람이 하면, 내가 하는 게 아니지 않소?"
도원이 감탄하며 말했다.
"과연 스님은 수행에 빈틈이 없으시군요.
그렇다면 좀 서늘한 날에 하시지요. 왜 구태여
이렇게 더운 날에 일을 하십니까?"
승용이 고개를 흔들며 말했다.
"아니죠. 이렇게 더운 날이 아니면
맛있는 송이버섯을 만들 수가 없지요."

(59) 노승의 노동은 곧 수행이다. 자기 수행을 자기가 안 하면 누가 해준단 말인가? 또 지금 안 하면 언제 한 단 말인가?

감추지 않는 향기

송나라 시인 황산곡이 조심 선사와 함께
참선한 뒤에 말했다.
"논어에 이르기를
'나는 너희에게 아무것도 감추고 있지 않다'고 했는데
그 말이 선과 같군요?"

조심 선사가 대답했다.
"잘 모르겠는데요. 우리 산책이나 할까요?"

두 사람은 함께 산길을 걸었다.
물푸레꽃이 활짝 피어 산속에 향기가 가득했다.
이윽고 선사가 물었다.
"어떻습니까? 향기가 좋지요?"

"예, 좋군요."

"보시오. 아무것도 감추고 있지 않지요?"

(60) 선이란 남에게 들어서 아는 것이 아니고 직접 맛보는 것이다. 경전에 참된 본성에 대하여 여러 가지로 말하고 있지만, 자기가 직접 깨달아 보지 않으면 안 된다고 조심 선사는 말했다.

61 배고프면 밥 먹고 피곤하면 잠잔다

 원 율사라는 스님이 대주 선사에게 물었다.
"스님도 도를 닦으실 때 공력을 들이십니까?"
 선사는 두말하면 잔소리라는 듯 곧바로 대꾸했다.
"그렇지."

 원 율사는 물었다.
"어떻게 공력을 들이십니까?"
 선사가 무심하게 말했다.
"배고프면 밥 먹고 피곤하면 잠자지!"

 원 율사는 이해가 안 간다는 듯 따졌다.
"그거야 다른 사람들도 다 그러지 않습니까?"
 선사는 말했다.
"달라."

 원 율사는 기가 막혀 물었다.
"어떻게 다릅니까?"
 선사가 친절하게 일러 주었다.
"그들은 밥을 먹을 때 밥만 먹지 않고 온갖 것을 따지며
 잠을 잘 때 잠만 자지 않고
 꿈속에서까지 온갖 생각을 일으키지."

62 추위나 더위가 오면 어떻게 피할까?

어떤 스님이 동산 스님에게 물었다.
"추위나 더위가 오면 어떻게 피하는 게 좋을까요?"

선사가 대답했다.
"추위도 더위도 없는 곳으로 가면 되지!"

그 스님이 의아스럽다는 듯이 물었다.
"추위도 더위도 없는 곳이 어디 있습니까?"

선사가 대답했다.
"추울 때에는 추위에 뛰어들고
 더울 때에는 더위에 뛰어드는 거야."

(62) 선문답에는 역설적인 표현이 많다. 그러나 그 본질을 꿰뚫어 보면 역설이 아니라 직설이다. 추위와 더위를 굳이 피하지 않고 뛰어들어 이겨내듯 고통과 번뇌를 굳이 피하지 않고 깨달음으로 돌려버리는 것이 선이다. 중생이 곧 부처요 번뇌가 곧 깨달음이라는 말도 역설적으로 들리지만 사실 직설적인 말이다. 중생이나 번뇌가 고정불변하는 것이 아니므로 언제든지 자각하며 부처로, 깨달음으로 변화될 수 있기 때문이다.

63 깨달음의 불씨

하루는 위산 스님이 백장 선사를 모시고 서 있는데
선사가 그에게 새삼스럽게 물었다.
"누구냐?"
위산이 대답했다.
"위산입니다."

선사가 말했다.
"화로에 불이 있는지 뒤적거려 보아라."
위산이 뒤적거려 보더니 말했다.
"불이 없는데요."
그러자 선사가 일어나 화로를 깊이 헤치더니
작은 불씨 하나를 찾아낸 뒤 위산에게 보여주며 말했다.
"이건 불 아니냐?"
그러자 위산은 스승의 말뜻을 깨닫고 절했다.
선사는 노파심에서 위산에게 일러주었다.
"이건 잠시 갈림길에 지나지 않아.
경전에 이르기를,
불성을 보려거든 때와 인연을 보라고 했지.
때가 되며 어둡던 자도 깨닫게 되느니
깨달음이란 남에게서 얻는 게 아니라 자기 안에 있는 것이지."

64 불성에 어찌 남북이 있으리요?

육조 혜능 대사는 본래 땔나무꾼이었다.
가난에 시달린 나머지
땔나무를 해다 팔며 어머니를 모시고 살았다.
하루는 장작을 배달해 주고 돌아오다가
어떤 낯선 길손이 불경을 읽는 소리를 듣고 물었다.
"어디서 오셨기에 그런 책을 읽는 거요?"
그러자 길손이 대답했다.
"저 북녘땅 황매산에 가면
홍인 선사라는 훌륭한 분이 있는데
그분을 만나고 오는 길이오.
그분은 사람들에게 이 『금강경』한 권만 읽으면
바로 자신의 본성을 깨달아 부처가 된다고 하더군요.
당신도 생각이 있거든 그분을 한 번 찾아가 보구려."

그러자 혜능이 한숨을 푹 쉬며 말했다.
"생각이 있소만 집안이 가난해서
내가 아니면 늙으신 어머니를 모실 사람이 없다우."
길손이 안됐다는 표정으로 말했다.
"그래요? 그럼 내가 은전 일백 냥을 줄테니
그것으로 어머니 먹고 사시라고 하고
홍인 선사께 가서 공부하시려오? 다시없는 기회니 말이오."

혜능은 그 길로 어머니를 하직하고 홍인 선사를 찾아갔다.
홍인 선사는 그를 보자마자 이렇게 물었다.
"어디서 뭣하러 왔지?"

혜능이 대답했다.
"저는 영남 사람이온데
부처 되는 법을 알고 싶어서 이렇게 찾아왔습니다."

그러자 선사가 웃으며 말했다.
"남쪽 오랑캐가 어떻게 부처가 될 수 있겠는가?"

혜능이 대꾸했다.
"사람이야 남북이 있겠지만
불성에 어찌 남북이 있겠습니까?
이 오랑캐의 몸은 스님과 같지 않지만
불성이야 무슨 차이가 있겠습니까?"

65 불성은 항상 깨끗한데 어디에 먼지가 끼랴

혜능이 홍인 선사의 문하에 들어와
절의 방앗간에서 디딜방아를 찧으며
행자 생활을 한 지도 어느덧 여덟 달 남짓.
하루는 홍인 선사가 제자들을 모두 불러놓고 말했다.
"세상 사람들에게 생과 사는 큰일이건만
너희들은 종일 불공이나 드리며 복 비는 데만 열중하고
생사의 고해에서 벗어나려 하지 않는구나.
너희들 자신의 본성이 어두우면
그런 복이 어떻게 너희들을 구할 수 있겠느냐?
모두 방으로 돌아가 각자 본성을 잘 살펴
스스로 깨우친 바가 있거든 본성의 지혜를 써서
시를 한 수씩 지어 내게 가져오도록 해라.
너희들이 낸 시를 살펴보아서
큰 뜻을 깨친 자가 있으면 내 옷과 법을 물려주어
6대 조사가 되게 하리라."

그러나 제자들은 아무도 시를 쓰려 들지 않았다.
신수라는 수제자가 법을 이를 게 뻔하다고 여겼다.
이윽고 신수가 먼저 시를 썼다.
조사의 자리를 넘보아서가 아니라
오직 법을 구하고자 하는 마음에서다.
어렵고도 어려워 오랫동안 갈등했지만

그나마 시를 짓지 않으면
자기 마음속 견해의 깊이를 보일 수 없을 테니까.
신수는 밤중에 몰래 시를 벽에 써 놓았다.

> 몸은 보리수요
> 마음은 밝은 거울
> 때때로 부지런히 털고 닦아
> 먼지 끼지 않게 하라

이튿날 홍인 선사는 이 시를 보고 속으로 실망했지만
제자들에게 외우게 했다.
그리고는 조용히 신수를 불러 말했다.
"네가 지은 시를 보니
그 소견이 문 앞에 이르기는 했다만
아직 문안에 들어오지는 못했다.
보통사람들이 이 시에 따라 실천하면 타락은 하지
않겠지만 이런 정도의 견해로는 깨달음을 얻을 수 없다.
문 안에 들어와야 자기 본성을 볼 수 있으니
다시 돌아가 며칠 동안 생각해 보고
시를 한 수 다시 지어 가지고 오너라."
하지만 신수는 며칠 동안 궁리해도 시를 쓸 수 없었다.
그때 한 아이가 방앗간 앞을 지나가며

신수의 시를 소리 높여 외는 걸 듣고 혜능이 물었다.
"지금 외는 게 무슨 시인가?"
아이가 대답했다.
"신수 스님의 시인데 아직도 모르고 있었어요?"
혜능이 말했다.
"나는 여기서 여덟 달 남짓 방아만 찧느라
아직 조사당 앞에 가보지를 못했다네.
나도 그 시를 좀 보고 예배드릴 수 있도록
자네가 좀 인도해 주겠나?
그 시를 외워 내생에는 부처님 나라에 나고 싶네."

혜능은 그 아이에게 이끌려 남쪽 복도에 갔다.
그리고는 신수의 시에 예배했다.
하지만 글자를 알지 못해 다른 사람에게 읽어주라고 부탁했다.
혜능은 신수의 시를 듣고
그 소재를 빌어 시를 한 수 지었다.

    보리는 본래 나무가 아니고
    밝은 거울도 본래 다락이 아니다
    불성은 항상 깨끗한데
    어디에 먼지가 끼랴?

이 시를 다른 벽에 써주라고 남에게 부탁한 뒤
혜능은 방앗간으로 되돌아갔다.
사람들이 이 시를 보고 놀라 온 절 안이 떠들썩하자
홍인 선사는 속으로 혜능이 깨쳤음을 알면서도
사람들이 질시할세라 이렇게 말했다.
"이것도 아직 멀었다!"

하지만 홍인 선사는 나중에 몰래 방앗간에 들러
혜능에게 조용히 말했다.
"수고한다. 쌀은 익었느냐?"
혜능이 대답했다.
"쌀은 진작에 익었는데 키질을 아직 못했습니다."
깨친 바는 있으나
스승의 지도와 인정을 아직 못 받았다는 말일 터.
선사는 고개를 끄덕이며
지팡이로 방아를 세 번 두드렸다.
무슨 뜻일까?

혜능은 그날 밤 삼경에 남몰래 선사의 방으로 찾아갔다.
선사는 기다렸다는 듯이 문을 열어주며 들어오게 하더니
아무도 모르게 『금강경』을 가르쳐 주었다.

혜능이 한 번 듣고 단박 깨치자
그 밤으로 법法과 옷을 전하였다.
한밤중에 아무도 몰래 선의 6대 조사가 태어난 것이다.
그리고 또 그 밤으로 길을 떠나게 했다.
남쪽의 땔나무꾼 출신인 무식한 행자를
도저히 6대 조사로 받아들일 수 없는 이들을 피해서
강을 건너 남쪽으로.

66　네가 곧 부처야!

어떤 스님이 귀종 선사에게 물었다.
"어떤 것이 부처입니까?"

선사가 말했다.
"내가 네게 말해 줘도
네가 믿지 않을까 무섭다."

그 스님이 손을 내저으며 말했다.
"큰스님의 진실된 말씀을 어찌 감히 믿지 않겠습니까?"

그러자 선사가 비로소 대답했다.

"네가 곧 부처야!"

67   요즘 이곳 쌀값이 어떤가?

행사 선사가 육조 혜능의 법을 받은 뒤
고향에 돌아가 교화하고 있을 때
어떤 스님이 찾아와 물었다.

"불법의 대의는 무엇입니까?"

선사는 대답 대신 되물었다.

"요즘 이곳 쌀값은 어떤가?"

(67) 경전의 말과 사변에 빠진 이전의 교종에 반대하여 현실 속에서의 자각과 실천을 부르짖는 선종의 본면목을 유감없이 보여주는 선문답이다.

68 마침 내가 있었으니까

하루는 약산 선사가 차를 달이고 있는데
도오라는 제자가 다가와 물었다.
"스님, 뭐 하십니까?"

선사가 대답했다.
"으응, 차 달인다."

도오가 물었다.
"누구 대접하려고 달이십니까?"

선사가 대답했다.
"어떤 사람이 한 잔 달라고 해서."

도오가 말했다.
"그 사람더러 직접 달여 먹으라고 하시지 그러세요?"

선사가 말했다.
"마침 내가 있었으니까."

69 미장일 하는 선사와 조수

하루는 위산 선사가 토방에 쭈그리고 앉아
흙이 떨어진 벽에 흙을 이겨 바르고 있었다.
이때 이군용이라는 관리가 찾아왔다.
대궐에서 바로 나오는 길이었던지
관복을 입고 홀(笏)을 든 채였다.

이군용은 일에 몰두하고 있는 선사의 등 뒤에서
홀을 들고 조용히 서서 기다렸다.

이윽고 선사가 뒤를 돌아보더니
갑자기 흙받기를 그에게 내밀었다.

그러자 이군용은 조수라고 되는 양
얼른 홀을 기울여 진흙을 올리는 시늉을 했다.

이심전심!

선사는 곧장 흙받기를 던져두고
흙 묻은 손으로 그의 손을 부여잡고 방으로 들어갔다.

(69) 부처님이 연꽃 한 송이를 들자 제자 가섭이 홀로 빙그레 웃음지었던가! 이 이야기 또한 그 일을 연상케 한다. 이군용은 선사의 등 뒤에서 말없이 도를 물었고, 선사는 흙받기를 내밀어 그에 응답하였다. 그러나 그 응답은 곧 상대방의 그릇을 재는 시험이라 이군용은 곧바로 미장일의 조수 시늉을 하여 응수하였다. 손수 흙을 이겨 바르는 일을 통해 사람을 깨우쳐 주는 위산 선사의 이 이야기는 노동하는 건강한 일상 속에 도가 있음을 보여주기도 한다.

70   세 명이 먹기엔 부족하나 천 명이 먹으면 남는 떡

어떤 사람이 도응 선사의 절에 놀러 왔다가
그 절 스님들에게 수수께끼 비슷한 질문을 했다.

"우리 집에 솥이 하나 있는데 떡을 찌면
세 명이 먹기엔 부족하나 천 명이 먹으면 남습니다.
왜 그러겠습니까?"

아무도 대답을 하지 못하자 선사가 대신 대답했다.

"그야 서로 다투면 부족하고 사양하면 남지!"

(70) 성서에 예수가 일으킨 기적 가운데 '떡 다섯 개와 물고기 두 마리'의 기적이 나오는데, 그 기적을 연상케 하는 선문답이다. 예수가 떡 다섯 개와 물고기 두 마리를 가지고 오천 명이 넘는 사람들을 배불리 먹이고도 남은 조각이 열두 광주리에 가득찼다는 이야기가 기적으로 묘사된다. 도응 선사의 이야기는 기적이 아닌, 현실 세계에서 일어날 수 있다고 말한다. 문제는 이웃과 나눌 마음이 있느냐라는 것이다. 가진 것을 나눌 때 우리 사회가 더 풍요롭고 평화롭게 되는 것이다. 이것이 기적 아닌가?

71 달마가 서쪽에서 온 까닭은?

수로 스님이 마조 선사를 찾아왔다.
그는 마조 선사를 뵙자마자 물었다.
"달마 조사가 서쪽에서 온 까닭은 무엇입니까?"

그러자 선사가 말했다.
"절부터 해라."

수로가 절하려는 순간
선사는 그를 힘껏 걷어차 버렸다.

수로는 벌렁 나가떨어지며 크게 깨치고 일어나
웃으며 말했다.
"참으로 신기하다. 무수한 삼매와 무한한 진리를
한 터럭 위에서 알게 되다니!"

(71) 마조가 절부터 해라고 한 것은 절 따위를 받고 싶어서가 아니었다. 달마가 왜 왔느냐 따위보다는 지금 네 자신의 문제가 중요하다는 소리였다.
현실과 자기 삶의 밖에서 문제를 찾는 이들아!
마조의 발길질을 받아라!
똑같은 질문에 조주 선사는 "뜰 앞의 잣나무"라고 대답했다던가.

72 　서방 극락세계가 눈앞에

위사군이라는 사람이 혜능 선사를 찾아와 물었다.
"스님들이나 속인들이나
그저 자나 깨나 아미타불을 외며
서방 극락세계에 가기를 바라는데
스님 생각엔 그들이 거기에 갈 수 있겠습니까?"
선사가 대답했다.
"어두운 사람은 염불하여 극락세계에 가려 하지만
깨친 사람은 자기 마음을 깨끗이 할 뿐이지.
부처님도 말씀하시지 않았나?
마음이 깨끗하면 부처의 땅도 깨끗하다고.
동쪽 나라에 있어도 마음만 깨끗하면 죄가 없고
서쪽 나라에 있어도 마음이 더러우면 허물이 있는 법.
마음만 깨끗하면 서방 극락세계가 여기서 멀지 않고
마음이 더러우면 아무리 염불해도 가기가 어렵지.
곧은 마음대로 실천하기만 하면
손가락 튕기는 것마냥 단박에 갈 수 있지.
눈 깜짝할 사이에 네 눈앞에 서방 극락을 옮겨다 보여줄까?"
위사군이 절을 하며 말했다.
"여기서 볼 수만 있다면야 왜 굳이 극락에 가길 바라겠습니까?
스님께서 자비로써 서방 극락세계를 보여주시면
정말 좋겠습니다."
선사가 말했다.

"자, 여기 서방 극락세계를 보아라. 어때? 틀림없지?
보았거든 이제 흩어져 가거라."
이 말에 모두들 영문도 모르고 어안이 벙벙했다.
어디에 극락세계가 있단 말인가.
그러자 선사가 말했다.
"대중아, 정신 차리고 들어라.
부처는 자기 마음이 만든 것이니 몸 밖에서 찾지 말라.
자기 마음이 어두우면 부처가 곧 중생이요
자기 마음이 깨달으면 중생이 곧 부처다.
자비慈悲가 곧 관세음보살이고 희사喜捨가 곧 대세지보살이며
깨끗하게 하는 것이 곧 석가모니불이요,
평등하고 곧은 것이 곧 미륵불이다.
거짓된 마음이 곧 귀신이요
탐욕과 증오심과 어리석음이 곧 지옥이며
열 가지 선행이 곧 천당이지.
자기 마음의 땅 위에서 본성을 깨달은 부처가
큰 지혜의 빛을 비추어 몸과 의식이 깨끗해지고
탐욕과 증오심과 어리석음을 없애면
지옥이 일시에 사라지고 서방 극락과 다름없이 되리라.
이러한 실천을 하지 않고 어떻게 그곳에 가겠는가?"

이 말을 듣고 모두 환하게 깨쳤다.

73   비구니에게 당한 비구들

앙산 선사에게 묘신이라는 비구니 제자가 있었다.
어느 날 절의 살림을 맡은 원주스님이 하산하고 없어
앙산 선사는 묘신에게 그 일을 맡겼다.
다음날 열일곱 명이나 되는 객승들이 무리지어 찾아왔다.
앙산 선사를 뵙고 공부를 하겠다는 스님들이었다.
이미 날이 저물어 앙산이 있는 암자에는 못 가고
이 절에 머무르게 되었다.
저녁 공양을 마친 그들은
혜능 선사의 일화를 들먹이며 이야기꽃을 피웠다.
혜능이 어떤 절에 머무는데, 바람이 불어 깃발이 움직이니
한 스님이 "바람이 움직인다"고 하자, 또 한 스님이 "깃발이 움직인다"고 했다. 혜능이 "바람도 깃발도 아닌 마음이 움직이는 거다"라고 했다는 유명한 이야기 말이다.
객승들은 저마다 제 생각을 늘어놓느라 논란을 빚었다.

떠들썩한 소리가 묘신의 방에까지 들려왔다.
묘신은 혼자 중얼거렸다.
"열일곱 명이나 되는 중들이 와글와글대기만 하지
아직 불법의 입구에도 들어오지 못하고 있군.
돈 써가며 고생해 이곳까지 와서
부질없는 소리만 하고 있다니!"

그때 한 시자가 차를 가져오다가 이 말을 듣고
돌아가 객승들에게 가만히 전했다.
깜짝 놀란 스님들은 묘신의 방으로 찾아왔다.
그러자 묘신은 똑똑한 소리로 말했다.
"이쪽으로 가까이 오시지요."
그들이 조심스럽게 다가오자 묘신은 큰 소리로 말했다.
"그것은 바람이 움직인 것도 아니고
깃발이 움직인 것도 아닙니다.
더더욱 마음이 움직인 것도 아니죠. 알겠습니까?"
"……"
말 많던 객승들도 말문을 열지 못했다.
하늘 같은 육조 혜능이 말한 '마음'에 붙들려 있던 그들은
여기서 문득 깨쳤다.
이튿날 그들은 앙산 선사도 뵙지 않고
서둘러 돌아갔다.

(73) 선을 공부하는 사람은 각자 스스로 자신을 돌이켜 보아 자기 문제를 해결해야지 옛 선사들이 했던 말에 얽매여서는 안 된다. 자주적인 태도가 없이 선사들의 말이나 흉내내기를 일삼는다면 해탈이 아니라 오히려 또다른 무명의 수렁에 빠져들게 될 것이다. 선사의 온갖 말과 행동은 어디까지나 잘못된 생각에 빠져있는 사람들을 깨우치기 위한 방편일 뿐이다.

74 나날이 좋은 날

어느 보름날, 운문 선사가 제자들에게 말했다.

"보름날 이전은 묻지 않겠다.
 보름날 이후에 대해 한 마디씩 해보아라."

아무도 말하지 않자, 자기가 대신 말했다.

"나날이 좋은 날이지."

(74) 운문 선사가 말한 '나날이 좋은 날'은 불가에서 유명한 말이다. 시간에 끌려다니는 게 아니라 시간의 주체가 되어 사는 사람에겐 날마다 좋은 날이 아니겠는가. 운문 선사는 이밖에도 기발한 화두를 남겼다. 어떤 사람이 "부처란 무엇입니까?"라고 묻자, "말라붙은 똥막대기"라고 하여, 부처를 신비하게 여기는 분별 망상을 여지없이 깨뜨렸다. 깨달음은 우리의 현실 바깥에 있지 않다는 것이다.

75 누가 너를 더럽히더냐?

어떤 스님이 희천 선사에게 물었다.
"무엇이 해탈입니까?"

그러자 선사가 되물었다.
"누가 너를 속박하더냐?"

그 스님이 또 물었다.
"무엇이 정토입니까?"

선사가 또 되물었다.
"무엇이 너를 더럽히더냐?"

그 스님이 또 물었다.
아예 바닥을 낼 심산이었다.
"무엇이 열반입니까?"

선사는 말했다.
"누가 너에게 생사^{生死}를 주더냐?"

(75) 마음이 곧 부처다. 마음이니 부처니 중생이니 보리^(깨달음)니 번뇌니 하지만 사실 이름만 다르지 본체는 하나다. 자기의 본성은 더럽고 깨끗함이 없이 고요하고 원만하다. 생사란 물에 비친 달이나 거울에 비친 그림자 같은 것인데 어찌 생기고 사라짐이 있으랴?

- 희천 선사

76 네가 바로

어떤 스님이 법안 선사에게 물었다.
"저는 혜초라고 하는데 스님께 여쭙겠습니다.
부처란 어떤 겁니까?"

대답 대신 선사가 말했다.
"네가 바로 혜초로구나!"

(76) 선에서는 부처의 절대화, 신비화에 반대한다. 따라서 부처에 매여 자신을 잃어버리는 것보다 부처를 버리고 자신을 찾으라고 한다. 그래서 심지어 "부처도 없고 조사도 없고 오직 '나'만이 존귀하다"고 한다. 인간의 자주성과 존엄성을 선언하는 것이다. 그러나 거기에 그치지 않고 종횡무진 자유자재하게 활동하며 세상에 빛을 던지는 창조적 실천이 곧 선의 궁극점이라고 말한다. 그럴 때 인간 자신이 부처가 된다. "마음이 곧 부처"라는 말도 그러한 뜻이다.

77 내가 경전을 굴릴 것인가 경전이 나를 굴릴 것인가

일곱 해 동안이나 『법화경』을 읽어
『법화경』을 달달 외는 법달이라는 스님이
혜능 선사를 찾아와 물었다.
"저는 일곱 해 동안이나 『법화경』을 읽었지만
아직도 경전에 의심나는 것이 있습니다.
큰스님의 넓으신 지혜로 제 의심을 풀어주십시오."

선사가 말했다.
"법달이 법은 제법 통달했지만
정작 마음은 통달하지 못했구나.
경전에는 의심할 게 없지만
네 마음이 스스로 의심하는구나.
네 마음이 잘못된 채 바른 법을 구하다니.
네 마음을 바로 잡으면 그것이 곧 경전을 바로 읽는 것이지.
그건 그렇고, 나는 평생 문자라곤 모른다.
그러니 네가 『법화경』을 가지고 와서 한번 읽어봐라."

법달이 경전을 가지고 와서 읽어주자
가만히 듣고 나서 선사는 말했다.
"『법화경』은 전체가 다 이유와 인연이야기로구나.
둔한 사람들을 위해서는 불가피한 일이지.
하지만 경전에도 분명히 말했듯이

진실은 오직 하나야.
모든 부처가 오직 '한 가지 큰일 때문에 나온다(一大事因緣)'
고 했잖아?
이 하나뿐인 진실을 어떻게 이해하고 실천해야 할까?
내 말을 잘 들어봐라.

사람의 마음이 안팎으로 미혹하지 않으면
근본이 공적空寂해지고 잘못된 견해를 버리게 되니
이것이 바로 한 가지 큰일이지.
안팎으로 어둡지 않으면 양극단에서 벗어날 수 있어.
밖으로 어두우면 겉모양에 매이게 되고
안으로 어두우면 텅 빈 데 빠지게 되니
겉모양에서 겉모양을 떠나고
텅 빈 데서 텅 빈 것을 떠나야지.
이것을 깨달으면 순식간에 마음이 열려
부처로서 세상에 나타나게 되는거야.
이것이 『법화경』의 한 가지 진실이지.

수많은 비유는 어두운 사람들을 위한 말일 뿐이니
너는 오직 한 가지 진실에만 의지해야 해.
법달아, 마음이 진실을 행하면 경전을 굴리게 되지만
행하지 않으면 경전이 너를 굴리게 된다.

마음이 바르면 경전을 굴리게 되지만
마음이 사악하면 경전이 너를 굴리게 되지.
진실에 따라 열심히 실천하면 네가 경전을 굴릴 수 있어."

이 말을 듣고 법달은 깊이 깨달았다.
그는 눈물을 흘리며 말했다.
"스님, 이제까지 저는 한 번도 경전을 굴리지 못했습니다.
일곱 해 동안 오히려 경전이 저를 굴린 꼴이지요.
앞으로는 경전을 굴려 끊임없이 부처의 실천을 하겠습니다."
그러자 선사가 고개를 끄덕이며 말했다.
"그래그래, 부처의 실천을 하는 게 바로 부처지."

78 보기도 하고 보지 않기도 한다

 신회 스님이 혜능 스님을 찾아와 물었다.
"스님은 좌선하시면서 보십니까, 보지 않으십니까?"
 자기의 본성, 존재의 본질 같은 걸 보냐는 말이렸다.

 선사는 대답 대신 벌떡 일어나 그를 세 번 때리고 물었다.
"아프냐, 아프지 않으냐?"

 신회가 제 딴에는 머리를 써서 대답했다.
"아프기도 하고 아프지 않기도 합니다."

 그러자 선사가 말했다.
"나도 보기도 하고 보지 않기도 한다."

 신회가 고개를 갸웃하며 물었다.
"무슨 뜻입니까?"

 선사가 대답했다.
"본다고 하는 것은 항상 내 허물을 본다는 말이고
 보지 않는다는 것은 하늘과 땅과 사람의 잘못을
 보지 않는다는 말이지.
 네가 나한테 맞고 아프기도 하고 아프지 않기도 하다고
 한 말은 무슨 뜻이냐?"

신회가 대답했다.
"아프지 않으면 감정 없는 목석과 같고
아프면 보통사람들처럼 한이 생길 테니까요."
그러자 선사가 꾸짖었다.
"네가 자기 본성도 보지 못하면서 남을 희롱하려 드느냐?"

신회가 얼굴이 빨개져서 아무 말 없이 선사에게 절하자
선사는 부드럽게 타일렀다.
"네 마음이 어두워 보지 못하거든
잘 아는 사람에게 물어 길을 찾아서
스스로 자기 마음을 보고 진실에 따라 실천하도록 해라.
네 자신이 어두워 자기 마음도 보지 못하면서
나 혜능이 보는지 못 보는지 묻느냐?
내가 마음을 보아서 잘 알더라도
너를 대신해 줄 수는 없지 않느냐.
너 스스로 자기 마음을 보아야지.
왜 스스로는 실천하지 않으면서
내게 그런 질문을 하느냐?"

(셋째 장)

병 속의 새를 꺼내려면

79   너는 내 골수를 얻었구나

달마가 벽을 맞대고 좌선한 지 어언 아홉 해
하루는 제자들을 불러놓고 말했다.
"이리 와서 각자 얻은 것을 말해 보아라."

그러자 도부가 먼저 대답했다.
"제가 보기에는 문자에 집착하지 않고
문자를 떠나지도 않아야 합니다."

달마가 고개를 끄덕끄덕하며 말했다.
"너는 내 살갗을 얻었구나."

이어서 총지가 말했다.
"제가 아는 것은 아촉불阿閦佛의 불국토를 구경하는 것 같은데
한 번 보고 다시는 보지 않겠습니다."

달마는 말했다.
"너는 내 살을 얻었구나."

이번에는 도육이라는 제자가 말했다.
"몸을 이루는 4대 요소는 본래 텅 비어 있고
감각기관이나 의식도 본래 실체가 없으므로
제가 알았다는 것도 사실

무엇 하나 얻었다 할 게 없습니다."

달마가 말했다.
"너는 내 뼈를 얻었구나."

마지막으로 혜가가 아무 말 없이 스승에게 절한 뒤
제자리에 잠자코 서 있었다.

그러자 달마가 무릎을 탁, 치며 말했다.
"네가 내 골수를 얻었구나. 너에게 정법을 맡기노니 잘 간직해라."
그리고는 그 신표로 자기가 걸쳤던 옷을 물려주었다.

(79) 그물로 고기를 잡지만 잡고 나서는 그물을 잊어 버리듯, 말에 의지하여 뜻을 알지만 뜻을 알았으면 말을 잊어야 한다.

- 달마 조사

80 누가 널 속박하더냐?

도신이라는 어린 중이 승찬 선사를 찾아왔다.
이제 열네 살 먹은 이 동승은
선사에게 절을 올리며 물었다.
"스님, 어떤 것이 부처님 마음이에요?"
평소에 남들에게서 늘 불심佛心이란 말을 듣고
도대체 불심이란 뭘까, 하고 의문을 품어온 게다.

그런데 선사는 대답 대신 이렇게 되물었다.
"너는 지금 무슨 마음이냐?"

도신은 갸웃갸웃하더니 냉큼 대답했다.
"아무 마음도 없는데요."

그러자 선사가 웃으며 말했다.
"너도 마음이 없는데 부처님에게 무슨 마음이 있겠느냐?"

뭔가 알아듣겠다는 듯 도신은 고개를 끄덕이며 또 물었다.
"스님, 그럼 해탈의 길을 좀 가르쳐 주세요."

어린 나이에 당찬 질문이었다.
어디서 해탈이란 말을 주워들었는지
서슴없이 그 대단한 숙제를 들이댄다.

'허, 요놈, 귀때기에 피도 안 마른 놈이.'
 선사가 되물었다.
"누가 널 속박하더냐?"

 도신이 깜짝 놀라며 대답했다.
"아뇨, 아무도……"

 선사가 빙그레 웃음지으며 말했다.
"그렇다면 해탈은 왜 찾느냐?"

"……"
 깨졌다.
 그러나 도신은 크게 깨쳤다.

(80) 『관무량수경』에 "모든 중생의 마음속에 부처의 법신 法身이 들어 있으니, 이 마음이 곧 부처를 만든다"고 했다. 부처란 곧 자기 마음이라는 것을 알아야 한다. 자기 마음 밖에 따로 부처가 있는 게 아니다.

- 도신 선사

81 허공이 폐하께 눈짓이라도 보냅니까?

혜충 선사가 임금의 초빙을 받아 궁에 왔다.
어느 날 법회에서 임금은 선사에게 많은 질문을 던졌다.
하지만 선사는 그를 쳐다보지도 않았다.
화가 난 임금은 큰 소리로 말했다.
"짐은 대당국의 황제요!
스님은 왜 황제를 거들떠보지도 않는 거요?"
그러자 선사가 되물었다.
"폐하께서는 저 텅 빈 허공이 보입니까?"
"그렇소."
"허공이 폐하께 눈짓이라도 보냅니까?"
"……"

그 뒤로 임금은 혜충 선사를 국사로 받들었다.
하지만 선사는 임금 앞에서도 늘 당당했다.
권력보다 진리를 높이 여겼으니까.

어느 날 궁에 있던 다른 스님들이 혜충 선사에게 말했다.
"이전의 국사들은 스님 같은 기지와 말솜씨가 없었습니다."
듣기 좋은 말이 아니었다.
이전의 국사들은 스님처럼 임금 앞에서 당당하지 못했는데
스님은 어찌 그리 당당하냐는 말이었다.

선사가 대꾸했다.
"그들은 임금을 스승으로 섬겼지만
나는 임금의 스승이니까 당연하지."

국사나 스님들이 임금을 깨우치고 백성들을 도와야 할 책임은 다하지 않고 그저 권력자에게 좋은 말만 하는 걸 비판하는 말이었다.

한번은 임금이 선사에게 물었다.
"부처의 열 가지 몸이란 게 무엇입니까?"

그러자 혜충이 벌떡 일어서더니 말했다.
"아시겠습니까?"
"모르겠소."
"노승에게 물병이나 좀 가져다 주십시오."

당장에 급한 일은 하지 않고
지적인 호기심이나 채우려는 한가한 임금에게 던진
선사의 호통이었다.

이런 일도 있었다.
어떤 스님이 선사에게 물었다.

"비로자나 부처님의 본체가 무엇입니까?"
"물병이나 가져와라."
 그 스님이 물병을 가지고 오자, 선사는 말했다.
"도로 갖다 놓아라."
 그러자 그 스님이 다시 물었다.
 선사가 자기 질문을 못 들으셨나 해서다.
"비로자나 부처님의 본체가 무엇인지요?"
 선사는 뇌까렸다.
"옛 부처는 지나갔다."
 지나간 부처님 찾으려 하지 말고
 네 자신이나 찾으라는 말이었다.

마음도 부처도 아니다

어떤 스님이 마조 선사에게 물었다.
"스님께선 왜 '마음이 곧 부처'라고 하십니까?"

선사가 대답했다.
"어린애의 울음을 그치게 하려고."

그 스님이 다시 물었다.
"울음을 그치면 어떻게 됩니까?"

선사가 대답했다.
"마음도 부처도 아니지."

(82) '마음이 곧 부처'라든지 '마음이 모든 것을 만든다'는 말은 부처를 밖으로 찾는 것을 치료하기 위한 것이다. 다시 말해 자기의 주체성을 일깨우는 말이다. 그러나 '마음'을 절대화하는 관념론에 빠지는 것을 막기 위해 다시 "마음도 아니고 부처도 아니다"라고 한다.

이를테면 기복신앙에 빠져 징징대며 부처님께 매달려 복을 비는 것은 '어린애의 울음'과 같다. 부처님 생전에 부처님을 따르던 제자나 신도들이 부처님께 복을 달라고 빈 적이 없다. 부처님은 "나는 길을 가리키는 사람일 뿐, 길을 가고 안 가고는 자신에게 달려 있다"라고 하며 인간의 주체적인 실천을 강조하였다.

마조 선사는 이런 기복신앙뿐만 아니라 경전의 문자에 매인 자들을 깨우치기 위해 "마음이 곧 부처"라고 말한다. 그러나 다시 마음에 매인 자들을 깨우치기 위해 마음조차 부정한다. 마음에 매인 자들은 이를테면 불합리한 현실을 보고도 "다 마음먹기에 달렸어. 그저 참는 게 제일이야"하면서 외면하고 대중들까지 잘못 이끌고 있다. 불교는 현실의 고통에 초연한 종교가 아니라, 사회와 물질의 고통을 포함해 모든 고통의 원인을 찾아 뿌리 뽑는다는 가르침이다.

83 내게는 닦을 도가 없다

도광 스님이 대주 선사에게 물었다.
"선사께서는 어떤 마음을 써서 도를 닦으십니까?"

선사가 대답했다.
"내게는 쓸 수 있는 마음이 없고
닦을 도가 없다."

도광이 따져 물었다.
"그러면 왜 날마다 대중을 모아놓고
선을 배우고 도를 닦으라고 권하십니까?"

선사가 시치미를 뚝 떼며 말했다.
"내게 송곳 꽂을 자리도 없는데
어디에 대중을 모을 것이냐?
또 내게 혓바닥도 없는데
어떻게 뭘 남들에게 권할 것이냐?"

(83) 사람은 저마다 자기의 보물창고를 가지고 있다. 그것이 바로 본래 깨끗한 자기의 마음이다. 이것은 양심이라고도 할 수 있다. 자기에게 이 보물이 있음을 알고 보면 구태여 도를 찾는다고 밖으로 허둥지둥 헤맬 필요가 없다. 풍족한 보물을 자유자재하게 쓰듯 자기의 깨끗한 마음대로 거리낌 없이 행동하면 얼마나 즐거우랴. 양심에 따라 행동하면 거칠 것이 없다. 여기에 충실하면 따로 찾을 것도 없고 닦을 것도 없다고 대주 선사는 말한다.

약산 선사가 훌륭하다는 소문을 듣고
고을 태수가 여러 번 선사를 초청했다.
하지만 선사는 좀처럼 움직이려 들지 않았다.
마침내 태수는 몸소 절까지 찾아왔다.
태수가 정중히 인사를 하는데도
선사는 책만 붙든 채 거들떠보지도 않았다.
듣지 못했는가 싶어 시자가 말했다.
"태수께서 오셨습니다."
 그래도 잠자코 있자, 성질 급한 태수가 투덜댔다.
"막상 와서 보니까 소문 듣던 것만 못하군."
 이때 선사가 "태수!"하고 불렀다.
"예"하고 태수가 대답하자, 선사는 말했다.
"왜 귀는 귀하게 여기고 눈은 천하게 여기시오?"
 태수는 황급히 손을 모으며 절하고 나서 물었다.
"어떤 것이 도입니까?"
 그러자 선사는 손으로 하늘을 가리켰다가
 다시 아래에 있던 물병을 가리키며 말했다.
"알겠소?"
"모르겠는데요."
 선사가 읊었다.
"구름은 푸른 하늘에 있고 물은 병에 있다네."

(84) 선의 세계에서 도란 특별한 데 있는 게 아니다. 그래서 "평상심이 도"라고 하지 않았던가. 그래서 약산 선사도 제자들을 깨우칠 때 구구한 설법을 하지 않고, 물 긷는 일이나 채소 가꾸는 일, 밥 먹는 일 따위의 일상적인 일 속에서의 대화를 통해 깨우쳐 주었다.

85 일을 해보면 알 것이다

설봉 선사가 어느 날 제자들에게 말했다.
"이 대지는 크기가 좁쌀이나 다름없다."

제자들은 이 말을 듣고 수군댔다.
"도무지 무슨 말인지 모르겠군."

그러자 선사가 큰 소리로 말했다.
"모두 밖에 나가 집 짓는 일이나 거들어라.
 일을 해보면 알 것이다."

(85) 사람은 저 대지에 비하면 좁쌀만하지만 지혜를 써서 창조적 활동을 하게 되면 대지가 오히려 좁쌀만하게 보이게 될 것이다. 사람은 창조적 활동을 통해 세계를 변화시킨다. 이 창조적 작용을 깨닫게 되면 세계의 주인이 될 수 있다. 이것을 선가에서 이르기를 '견성성불見性成佛'이라고 한다. 설봉 선사는 마음을 깨닫는 선이 무엇을 창조하고 생산하는 노동과 결코 다르지 않다는 것을 밝힌 것이다. 일을 해보면 알리라.

86 고양이를 놓고 다툰 스님들

어느 날 절에서
동쪽 방 스님들과 서쪽 방 스님들이
고양이를 놓고 서로 다투고 있었다.
남전 선사가 보고 다가와 고양이를 번쩍 집어 들더니 말했다.
"누구든 말해 봐라. 그러면 이걸 살려 주마."

하지만 아무도 대꾸하지 못했다.
뭘 말하라는 건지!

그러자 선사는 칼을 빼
고양이를 단칼에 두 토막 내버렸다.

나중에 선사는 아까 그 자리에 없었던 제자 조주에게 물었다.
"너 같으면 어떻게 했겠느냐?"

그러자 조주는 곧 짚신을 벗더니
자기 머리 위에 얹고 휙 나가 버렸다.

그걸 보고 선사가 중얼거렸다.
"네가 있었더라면 고양이를 살릴 수 있었을 텐데."

(86) 남전 선사는 스님들의 다툼을 단칼에 끝장냈다. 하지만 피할 수 없이 고양이는 희생되었다. 다툼도 끝장내고 고양이도 살릴 수 있는 묘안은 없는가? 왜 조주는 선사의 물음에 대한 응답으로 천한 짚신을 귀한 머리에 얹고 나가 버렸을까?

87 비밀 중의 비밀

한 비구니가 조주 선사를 졸라댔다.
"스님, 비밀 중의 비밀을 말씀해 주셔요. 네?"

그러자 조주는 대답 대신
말없이 비구니의 어깨를 가볍게 두드렸다.

비구니는 화들짝 놀라 말했다.
"스님께선 비밀 중의 비밀을 아직도 간직하고 계시군요!"

그러자 조주는 빙그레 웃으며 말했다.
"그걸 간직하고 있는 건 바로 자네 아닌가!"

(87) 비밀 중의 비밀이란 무엇인가? 불법의 근본이라 할 수 있다. 그것을 누가 간직하고 있는가? 바로 자네 아닌가! 조주는 항상 제자들에게 자주성을 강조했다. 자신에게 한 번 배운 사람이라면 "다시는 딴 사람이 아니라 주인공이 되어야 한다"고 말했다. 주인공이 왜 밖을 향해 부처를 찾느냐고 그는 말한다. 그것이 선禪이다. 그의 유명한 법어 중에 이런 재미난 말이 있다.

"금부처는 용광로를 건너지 못하고 나무부처는 불을 건너지 못하며 흙부처는 물을 건너지 못한다. 우리 안에 들어있는 참부처야말로 불에 녹거나 타지 않고 물에 젖지 않는다."

나는 불성이 없다

어떤 스님이 유관 선사에게 물었다.
"개도 불성이 있습니까?"

선사가 대답했다.
"있지."

"스님도 있습니까?"

"나는 없어."

"모든 중생이 다 불성이 있는데 왜 스님은 없다고 하십니까?"

"나는 중생이 아니니까."

"중생이 아니라면 부처입니까?"

"부처도 아니야."

"그럼 무슨 물건입니까?"

"물건도 아니지."

(88) "개도 불성이 있느냐?"는 물음은 선에서 이름난 화두다. 이 똑같은 물음에 유관 선사는 "있다"고 대답하고, 조주 선사는 "없다"고 잘라 말했다. 그렇다면 도대체 누구의 답변이 맞는가? 둘 다 틀린 변이 아니다. 있다고 대답할 상대가 있고, 없다고 대답할 상대가 있는 것이다. 문제는 개새끼가 아니라 바로 그런 질문을 하고 있는 사람이기 때문이다. 개가 불성이 있으면 어떻고 불성이 없으면 또 어떻단 말인가. 개 걱정하지 말고 네 자신의 불성이나 찾으라는 것이 선사의 무뚝뚝한 말의 뜻이다. 스님도 불성이 있다는 따위의 부질없는 질문에 대한 답변도 마찬가지지.

89　조사의 뒤를 잇지 않겠다

하루는 백장 선사가 대중들에게 말했다.
"불법은 작은 일이 아니다.
　나도 옛날에 마조 선사의 '할!' 소리를 한 번 듣고
　사흘 동안 귀가 멀 정도였다."

황벽이 이 말을 듣고 저도 모르게 혀가 나왔다.
그는 스승에게 말했다.
"스승님, 저는 마조 선사를 잘 모르지만
앞으로도 마조 선사를 다시는 보지 않겠습니다."
스승은 걱정스럽다는 듯이 말했다.
"너는 앞으로 마조 선사의 뒤를 이어야 할 텐데?"
그러자 황벽은 단호한 얼굴로 말했다.
"저는 마조 선사의 뒤를 잇지 않겠습니다."
"왜?"

황벽이 말했다.
"앞으로 제 새끼들 다 죽이겠습니다."

스승이 고개를 끄덕끄덕하며 말했다.
"그래그래."

(89) 선사들이 제자를 깨우칠 때 선문답도 하지만, 때로는 "할!"하고 고함을 지르거나 주장자(지팡이)나 불자(총채)를 들거나 심지어 몽둥이로 때리기까지 한다. 말로는 한계가 있기 때문에 그러한 충격요법으로 허위의식과 환상을 깨뜨리는 것이다.

그런 교수법은 '문자를 세우지 않고 언어를 부정하는' 선의 요지를 깨우치는 데 어울린다. 그러나 그 겉모습만 흉내내다간 오히려 본말이 뒤바뀔 수 있다. 흉내를 일삼는 선은 선의 창조성과 실천성을 망각하고 현실 속에서 전혀 창의하지 못하기에 그 가치를 잃어버린다. 이러한 선을 서산 대사는 '여우선(野狐禪)'이라고 했다.

쌀 한 톨의 의미

 석상 스님이 공양간에서 키질을 하고 있는데
 스승 위산 선사가 찾아와서 물었다.
"무엇 하고 있느냐?"

 석상이 대답했다.
"예, 쌀을 고르느라 키질하고 있습니다."

 선사가 말했다.
"그래? 쌀을 한 톨도 떨어뜨려서는 안 된다. 신심 있는 신도
 들이 보시한 쌀이다."

 걱정은 접어두시라고 완벽한 솜씨를 과시하며
 석상이 말했다.
"예, 한 톨도 떨어뜨리지 않습니다."

 그러자 선사는 어떻게 찾았는지
 바닥에서 쌀 한 톨을 주워들고 말했다.
"그럼 이 한 톨은 누가 떨어뜨린 거냐?"

"……"
 기가 막혔다. 아니, 너무 한다는 생각까지 들었다.

게다가 선사는 설교까지 늘어놓았다.
"한 톨도 소홀이 여겨서는 안 된다. 아무리 많은 쌀도 모두 이 한 톨에서 생긴 거야."
 이야기는 다만 쌀만 가지고 하는 게 아니었다.

 하지만 석상은 한번 내질러 보았다.
"그럼 스승님이 들고 계신 그 한 톨은 어디서 생긴 겁니까?"
 이 말에 선사는 하하하 웃으며 돌아갔다.

 저녁 공양 때 선사가 큰 소리로 말했다.
"지금 너희들이 먹는 쌀 속에 벌레가 들어있다."
 그러자 밥숟가락을 놓는 사람, 밥을 뒤적이는 사람, 눈살을 찌푸리는 사람, 별별 사람이 다 나왔다.

'아하!'
 석상은 비로소 쌀 한 톨의 의미를 깨달았다.

(90) 진리의 세계란 먼지 하나도 없는 것이지만, 실천에
    나설 때에는 무엇 하나 버리지 않는다.

    - 위산 선사

91 어서 말을 해

　대언 스님이 암두 선사를 처음으로 뵈러 왔다.
　때마침 선사는 문밖으로 풀을 뽑고 있었다.
　대언은 삿갓을 쓴 채 당당하게 다가오더니
　제 삿갓을 두드린 뒤 손을 들며 말했다.
"기억하시겠습니까?"

　그러자 선사는 힐끗 보더니
　풀 한 움큼 대언의 낯바닥에 휙 던지며 말했다.
"꺼져!"
　대언이 당황하여 멍하니 서 있자
　선사는 주먹으로 세 번 그를 갈겼다.
　대언은 그제야 예의를 차리며 말했다.
"스님, 방으로 드시지요."

　선사는 퉁명스럽게 말했다.
"됐네, 이 사람아. 이미 봤잖아!"

　그러자 대언은 승방으로 돌아갔다.

　이튿날 그는 정식으로 스님을 뵈려고
　아침을 먹자마자 다시 찾아왔다.
　선사가 계신 방 문턱을 막 넘어서려는데

갑자기 선사가 평상에서 뛰어내려 오더니
그의 멱살을 움켜쥐고 말했다.
"어서 말을 해! 어서 말을 해!"

무슨 말을 하라는 건지!
어안이 벙벙해서 아무 말도 못하고 있자
선사가 외쳤다.
"할! 꺼져버려!"

대언은 하는 수 없이 뒷걸음질 치고
한숨을 쉬며 뇌까렸다.
"천하에 거리낄 자가 아무도 없을 줄 알았더니
여기 늙은 호랑이가 있었구나."

(91) 선문답에서 "어서 말을 해!" 하고 선사가 재촉하는 것은 상대방에게 깨달은 바를 곧바로 말해 보라는 것이다. 이때 그 자리에서 즉각 대답해야지 헤아리고 따지면 어긋난다고 한다. 이 이야기에서 암두 선사를 찾아간 대언이라는 스님은 아마도 스스로 깨달은 양 착각에 사로잡혀 있었던 것 같다. 그러기에 처음에 그토록 안하무인의 태도를 보인 것이다. 그러다가 선사에게 얻어맞고 멱살까지 잡히고서야 깨쳤다. 이 세상에 거리낄 놈이 없다고 뻐기다가 결국 늙은 호랑이 암두 선사에게 물리고 만 것이다. 이렇게 물리고라도 얻어맞고라도 깨친다면!

92 사람

어떤 스님이 조주 선사에게 물었다.
"만물과 벗이 되지 않는 자란 어떤 사람입니까?"

선사가 말했다.
"그건 사람이 아니지."

(92) '만물과 벗이 되지 않는 자'란 선에서 통상 초월한 진인眞人을 가리키는 말이다. 진인이나 성자의 경지를 묻는 말에 조주는 딱 잘라 "그건 사람이 아니지!"라고 말한다. 사람의 삶을 초월한 존재를 부인하고 묵살해 버린 것이다. 진정한 진인은 사람들과 함께하는 사람다운 삶을 충실히 살아가는 사람이 아닐까?

93 너도 없고 나도 없으면 누가 보겠느냐?

어떤 스님이 유관 선사에게 물었다.
"도는 어디에 있습니까?"

선사가 대답했다.
"눈앞에 있지."

"그렇다면 나는 왜 못 봅니까?"

"너는 '나'가 있기 때문에 못 보는 거야."

"나는 '나'가 있기 때문에 볼 수 없다지만, 스님은 보십니까?"

"'네'가 있고 '나'가 있으면 더더욱 못 보지."

"'나'가 없고 '네'가 없으면 볼 수 있습니까?"

"너도 없고 나도 없으면 누가 보겠느냐?"

(93)

도(道)는 먼 데 있는 게 아니라 눈앞에 있다. 장자의 표현대로 하자면 심지어 도는 똥오줌에도 있다. 인간 자신이 살아가는 현실 바깥에서 도를 찾는 것은 그야말로 뜬구름 잡는 짓이다. 결국 현실의 일상생활 속에서 주인된 자신을 발견하고 참된 주인으로서 활발하고 자유롭게 창조적으로 살아가는 것이 도라고 할 만하다. 그런데 삶의 참된 주인이 되려면 '나'라는 아집이 있으면 안 된다. (나가 있기 때문에 도를 못 보는 거야) 저밖에 모르는 인간은 자유로운 인간이 아니다. '나'에 사로잡혀 '나'라는 울타리에 갇혀 남을 받아들이지 못하는 자이다. 그러한 인생은 사실 살아있는 삶이라 할 수 없다.

'나'라는 아집이 있기에 '나'와 '너'의 가름이 있다. '내 것'이라는 이기적 소유욕이 있는 한, 이 땅에 참된 평화는 찾아오기 어려운 것이다. (네가 있고 '나'가 있으면 더더욱 못 보지)

나와 너는 따로 있는 게 아니라 서로 의존하고 있으므로 '함께 하는 삶'을 살아야 한다는 것이 연기법이요, 자비의 가르침이다. 또 이렇게 함께 하면서도 '너'와 '나'의 자주성을 서로 인정할 때 진정 자유롭고 평화로운 세상이 되리라. (너도 없고 나도 없으면 누가 보겠느냐?)

찻잎 따기

위산 선사와 그 제자 앙산이 차밭에서 각자 찻잎을 따는데
선사가 앙산에게 말했다.
"종일 찻잎을 따는데 네 모습은 보이지 않고
네 목소리만 들리더구나.
어디 본모습을 좀 보여줄래?"

그러자 앙산은 차나무를 흔들었다.
이것을 보고 선사는 말했다.
"너는 작용만 깨달았을 뿐 아직 본체를 깨닫지 못했구나."

그러자 앙산이 대꾸했다.
"그럼 스님은 어떻습니까?"

선사는 한참 동안 침묵했다.
앙산은 선사에게 말했다.
"스님은 본체만 깨달으셨을 뿐 작용을 깨닫지 못하셨군요."

선사가 크게 웃으며 말했다.
"하하하, 너 몽둥이 스무 방 면했다."

95 똥 막대기

어느 날 임제 선사가 법상에 올라가더니 제자들에게 말했다.
"새빨간 몸뚱이에 지위 없는 참사람이 하나 있어
너희들의 눈, 코, 귀, 입으로 늘 드나든다.
아직 똑똑히 보지 못한 사람은 나와 보아라."

그때 한 스님이 나와서 물었다.
"지위 없는 참사람이란 무엇입니까?"

그러자 선사는 법상에서 내려와
그의 멱살을 쥐고 말했다.
"말해 봐, 말해 봐!"

그가 뭐라고 말하려 하자 선사는 그를 떠밀어 버리며
"지위 없는 참사람이라니, 그 무슨 똥 막대기냐?"
이렇게 내뱉고는 자기 방으로 홱 들어가 버렸다.

(95)   지위 없는 참사람은 결코 자기 자신을 떠나 있는 것이 아니다. 자기를 떠나서 그것을 찾을 때에는 이미 똥치는 막대기처럼 하잘것없는 것이 되어버린다. 임제 선사는 철저히 자주적인 인간이 되라고 가르쳤다. 그래서 "이르는 곳마다 주인이 되어라. 그러면 선 자리가 다 진실되리라(隨處作主 立處皆眞)"고 했다.

96   읽는 것이 무슨 경전이냐?

하루는 어떤 스님이 방안에서 경전을 읽고 있는데
도응 선사가 창밖에서 듣고 그에게 물었다.
"지금 읽는 것이 무슨 경전이냐?"

그 스님이 대답했다.
"『유마경』입니다."

그러자 도응 선사가 다시 물었다.
"『유마경』을 물은 게 아니고
 읽는 것이 무슨 경전이냔 말이다."

"……"
『유마경』을 열심히 읽던 스님은 이 한 마디에 퍼뜩 깨쳤다.

(96)

    도응 선사가 묻는 것은 그 스님이 읽고 있는 대상(책)이 아니라, 그 책을 읽고 있는 주체(스님)이다. 항상 선에서 관심을 갖는 것은 바로 주체이기 때문이다.

97 법문이 끝났는데 왜 절을 하지 않나?

하루는 젊은 스님이 임제 선사에게 물었다.
"불법의 대의가 무엇입니까?"

그러자 선사는 느닷없이 그의 멱살을 잡고
뺨을 한 대 철썩 때린 뒤 떠밀어 버렸다.

젊은 스님은 얼이 빠진 채 멍하니 서 있자

다른 스님 하나가 그에게 말했다.
"이보게, 법문이 끝났는데 왜 절을 하지 않나?"

젊은 스님은 그 말대로 하다가 퍼뜩 깨쳤다.

(97) 선을 공부하는 사람은 자기의 진정한 견해를 분명히 가져야 한다. 만일 자기의 견해를 갖게 되면 생사에 사로잡히지 않게 되고 행동이 자유로워진다. 뛰어난 견해를 남에게서 찾지 말라. 뛰어난 견해는 자기에게 갖춰져 있다.

- 임제 선사

98 부대사의 강의

양나라 무제가 부대사를 초청하여
『금강경』을 강의하게 했다.
부대사는 곧 강단에 올라가더니
책상을 한 번 탕, 치고는 곧 내려왔다.

무제가 깜짝 놀라자 지공 선사가 물었다.
"폐하는 알아들으셨습니까?"

무제가 말했다.
"모르겠소."

지공 선사가 말했다.
"대사의 강의는 끝났습니다."

(98) 양나라 무제는 독실한 불교도였시만 백성의 피땀을 짜내며 온갖 불사를 일으켰다. 그런 임금이 경전을 아무리 읽고 강의를 듣는다고 한들 무슨 의미가 있 겠는가? 부대사는 강단을 내리쳐 그를 깨우치려 한 것이다.

99 백 척 장대 끝에서 한 걸음 더

'회회'라는 스님이 깨쳤다는 소문을 듣고
장사 선사가 한 스님을 보내 물어보게 했다.
찾아간 스님이 물었다.
"남전 선사를 뵙기 전에는 어떠하셨습니까?"

그러나 회 스님은 잠자코 말이 없었다.
찾아간 스님이 다시 물었다.
"뵙고 난 뒤에는 어떠하셨습니까?"

회 스님이 대답했다.
"별 것 없어."

이 이야기를 전해 듣고 장사 선사가 시를 읊었다.

"백척 장대 끝에 주저앉은 사람
비록 깨쳤다곤 하나 아직 진짜는 못돼.
백척 장대 끝에서 한 걸음 더 내디뎌야
온누리가 내 온몸이 되지."

(99) 백척 장대 끝이라면 더이상 나아갈 데가 없는 경지일 것이다. 그러나 거기에 머문다면 진짜 깨달음이 못 된다. 거기서 한 걸음 더 나아갈 때 비로소 온누리의 일체 중생과 하나가 된다. 세속을 떠나는 데 그치지 않고 출세간에서 다시 떠나 세속으로 들어갈 때 깨달음의 연꽃은 핀다. 부처님도 깨달음에 머물지 않고 세상 속으로 발걸음을 내디뎠지 않은가. '백척간두百尺竿頭 진일보進一步'로 유명한 이 선문답은 어려움 앞에 좌절하는 사람들에게 좋은 경책이 되기도 한다. 검도에서도 완전히 지쳐 숨이 막힐 지경에 기합과 함께 한 걸음 튀어 나갈 때 일격필살의 괴력이 나온다고 한다. 좌절을 딛고 일어날 때, 안주를 박차고 나갈 때 진보가 있다.

100 바쁘다 바빠!

천연 선사가 마곡 선사와 함께 산에 갔다.

골짜기의 물가에서 마곡이 불쑥 말했다.
"대열반이란 무엇일까?"

천연이 고개를 돌리며 말했다.
"바쁘다 바빠!"

마곡이 물었다.
"무엇이 바빠?"

천연이 답했다.
" 저 물!"

(100) 천연 선사의 대꾸는 이름 그대로 천연스럽기 짝이 없다. 그러나 거기에 번뜩이는 선의 뜻! 그가 내뱉은 한 마디 "바쁘다 바빠!"는 이 바쁜 세상 사람들이 노상 말하는 "바쁘다 바빠!"와는 다르다. 세상 사람들은 바쁜 삶의 소용돌이 속에 주체를 못하고 허둥지둥 헤맨다. 열반은커녕 번뇌만 쌓여간다. 다시 말해 한순간도 편하게 쉬지 못하고 긴장의 연속이다. 이런 세상에서 열반이란 무엇일까? 골짜기의 물을 보라고 선사는 말한다.

쉴새 없이 흐르는 물처럼 모든 것은 잠시도 머무르지 않고 변화하고 있다. 이것이 무상無常의 법칙이다. 제행무상諸行無常. 바로 이 무상의 법칙을 깨달을 때 열반을 얻게 된다. 변화를 보라. 변화를 알거든 쉬지 말고 정진하라. 자신과 사회의 끊임없는 변화 발전을 위하여.

101 사람을 살릴 수도 있고 죽일 수도 있는 칼

고려의 나옹 선사가 중국에 유학할 때
평산 선사를 찾아가니 평산이 그에게 물었다.
"스님은 어디서 오시오?"

나옹이 대답했다.
"대도에서 옵니다."
그는 당시 수도인 대도를 거쳐 오는 길이었다.

평산이 물었다.
"어떤 사람을 만나보고 오시오?"

나옹이 대답했다.
"지공 선사를 만나 뵙고 옵니다."

평산이 궁금한 빛으로 말했다.
"지공 선사는 날마다 무슨 일을 하던가요?"

나옹이 드디어 실력 발휘를 하기 시작했다.
"지공 선사는 날마다 천 개의 칼을 쓰더군요."

평산이 공격했다.
"지공의 칼 천 개는 그만두고 그대의 칼 한 개를 가져와 보시오."

그러자 나옹은 방석으로 평산을 쳤다.
평산이 맞고 법상에서 넘어지며 소리쳤다.
"이 도적놈이 나를 죽이네."

그러자 나옹이 붙들어 일으키며 말했다.
"제 칼은 사람을 살릴 수도 있고
 죽일 수도 있지요."

(101) "지공 선사는 날마다 무슨 일을 하던가요?" 이 말은 평산 선사가 던진 일종의 시험이자 낚시였다. 나옹 선사는 이 낚시에 일단 걸려들어 평산 선사의 날카로운 이빨에 물릴 뻔했으나 예리한 지혜로 곧바로 낚시에서 벗어났다. 방석으로 평산을 친 행동이 바로 그것이다.

그런데 왜 그는 평산을 쓰러뜨린 뒤 다시 일으켜 세웠을까? 상대를 깨는 데 그치지 않고 세우기도 하는 것은 곧 부정과 긍정을 동시에 넘어서는 것이 아닐까?

신라의 범일 선사가 중국으로 건너가 제안 선사를 만났다.
제안 선사는 범일 선사에게 물었다.
"어디서 왔소?"

범일이 대답했다.
"동국에서 왔습니다."

제안이 다시 물었다.
"수로로 왔소, 육로로 왔소?"

범일이 대답했다.
"두 가지 길을 모두 밟지 않고 왔습니다."

제안이 물고 늘어졌다.
"두 가지 길을 밟지 않고 어떻게 여기까지 왔소?"

범일이 되물었다.
"해와 달이 동서로 다니는데 무슨 거리낌이 있던가요?"

그제야 제안이 감탄하며 말했다.
"실로 동방의 보살이로군!"

하지만 하나라도 배워보겠다고 온 범일이었기에
제안에게 물었다.
"그건 그렇고 스님, 어떻게 해야 부처가 될 수 있습니까?"

제안이 말해주었다.
"도^{道}를 닦을 필요가 없지.
그저 더럽히지만 말고,
부처란 생각, 보살이란 생각을 하지 말게나.
평상심^{平常心}, 즉 일상의 마음이 도야."

103 손가락이 잘린 동자

구지俱胝 선사는 누가 질문을 하면
아무 말 없이 그저 손가락 하나만 세워 보였다.

어느 날 선사가 없는 틈에
밖에서 손님이 찾아왔다.
손님은 선사를 모시는 아이에게 물었다.
"스님께선 주로 어떤 법을 가르치시지?"

그러자 아이는 아무 말 없이
손가락 하나를 세웠다.
제 딴에는 큰스님을 흉내내 본 것이다.
나중에 선사가 돌아오자
아이는 손님이 왔었다고 이야기했다.
손님이 와서 자기에게 한 질문까지 말했다.

선사는 물었다.
"그래 뭐라고 대답했느냐?"

"이렇게 했지요."
아이는 얼른 손가락을 세웠다.

그러나 선사는 기다렸다는 듯이 주머니칼을 빼더니

아이의 손가락을 싹둑 잘라버렸다.
"아얏!"
아이는 잘린 손가락을 움켜쥐고
엉엉 울면서 절을 뛰쳐나갔다.

그때 갑자기 선사가 불렀다.
아이가 고개를 돌려 돌아보자
선사는 문득 손가락 하나를 세워 보였다.
그러자 아이는 저도 모르게 따라서 손가락을 세웠다.
앗! 그런데 제 손가락은 이미 잘려나가 없지 않던가!
아이는 비로소 퍼뜩 깨쳤다.

(103) 깨달음은 모방할 수 있는 것이 아니다. 철저한 자각만이 진정한 깨달음이기에 올바른 실천을 낳을 수 있다. 예로부터 깨달은 사람의 거리낌 없는 언행을 겉모습만 흉내 내는 사이비들이 종종 있었다. 진짜와 가짜를 판가름할 수 있는 잣대는 무엇일까?

104 어떤 것이 본래의 마음입니까?

신록 선사가 하루는 법당에 앉아 시를 읊었다.

"쓸쓸히 홀로 앉아 시를 읊조리는데
 줄 없는 거문고 가락을 아는 이 하나 없네.
 종일토록 법당에 고요히 앉아 있어도
 '본래의 마음'이 무엇인지 묻는 이 하나 없네."

때마침 제자 붕언이 그 시를 듣고 다가와 물었다.
"어떤 것이 본래의 마음입니까?"

그러자 선사가 불렀다.
"붕언아!"

붕언이 깜짝 놀라 대답했다.
"예?"

선사가 말했다.
"차 한 잔 갖다 줄래?"

이 말을 듣고 붕언이 깨쳤다.

선의 문에 들어가는 길

 현사 선사의 문하에 갓 들어온 어떤 스님이
선사에게 물었다.
"저는 이제 막 선문禪門에 들어왔습니다.
 선문에 들어가는 길을 가르쳐 주십시오."

 선사는 대답 대신 그에게 되물었다.
"저 골짜기에 흐르는 물소리가 들리느냐?"

"예, 들립니다."

"그 소리 따라가거라."

주지 시험

백장 선사가 위산 스님에게 법을 전하고 주지로 앉히려 하자 그때까지 상좌로 있던 수제자 화림이 따졌다.
"제가 상좌인데 왜 위산을 주지로 앉히려 하십니까?"

백장 선사가 말했다.
"만일 네가 대중 앞에서
틀을 벗어난 말 한 마디만 할 수 있다면
네게 주지 자리를 주마."

선사는 곧 대중을 불러 모은 뒤 물병을 가리키며 말했다.
"저것을 물병이라고 불러서는 안 된다면
무엇이라고 부르겠느냐?"

아무도 대답하지 못하고 있는데 화림이 나서서 말했다.
"말뚝이라고 부를 수도 없지요."

선사가 고개를 흔들며 위산 쪽을 돌아보았다.
위산은 아무 말도 없이
갑자기 일어나더니 물병을 차 버렸다.

그걸 보고 선사가 껄껄껄 웃으며 말했다.
"첫째 자리가 촌놈에게 넘어가고 말았구먼."

(106) 화림은 그만 '틀을 벗어난 말 한 마디'라는 말에 걸려 버리고 말았다. 틀을 벗어난 위산의 발길질이야말로 틀을 벗어난 말 한 마디가 아니고 무엇인가. 위산 선사는 말한다.

"도인의 마음은 질박하고 곧고 인위적인 데가 없어서 언제나 보고 듣는 게 왜곡되지 않는다. 눈을 감거나 귀를 막지도 않는다."

107 신발의 주인

혜심이 지눌 선사를 모시고 길을 가는데
길바닥에 다 떨어진 짚신 한 짝이 떨어져 있었다.
그것을 보고 선사가 말했다.
"신발은 여기 있는데 사람은 어디 있지?"

혜심이 대답했다.
"웬걸요, 그때 만났지 않았습니까?"

선사는 고개를 끄떡끄떡했다.
그리고는 자기 방으로 돌아가 혜심에게 법을 전했다.

(107) 지눌 선사는 길바닥에 떨어진 신발을 낚시 삼아 혜심을 시험했다. 하지만 혜심은 이미 밖으로 부처를 찾아 헤매는 걸 끝내고 삶의 주인인 자기를 찾았기 때문에 선사의 낚시에 걸리지 않는다. 그는 "사람이 어디 있지?"라는 질문의 핵심을 바로 짚어 단박에 답변한 것이다.

108 부모에게서 태어나기 전

고려의 나옹 선사가 중국에 유학하고 있을 때
그 나라의 천암 선사를 만났다.
천암이 나옹에게 물었다.
"스님은 어디서 왔소?"

나옹은 정자사라는 절을 거쳐 왔기에 이렇게 대답했다.
"정자사에서 왔습니다."

그러자 천암이 날카롭게 다시 물었다.
"부모에게서 태어나기 전에는 어디서 왔소?"

나옹은 바로 대꾸했다.
"오늘 아침은 4월 초 이틀이지요."

그러자 천암이 웃으며 뇌까렸다.
"눈 밝은 사람은 속일 수가 없다니까."

(108) 선문답에서 자주 쓰이는 말인 '부모에게서 태어나기 전의 소식(父母未生前本來面目)'은 곧 인간의 본면목, 참된 자아를 가리키는 말이다. 선에서 보통 '마음자리'라고 일컫는 것이다. 천암 선사가 그것을 물은 데 대하여 나옹 선사는 지금 이 자리의 현실을 들어 대꾸하였다. 우리가 선을 통해 자신을 찾고 불성을 찾고 마음자리를 찾는 것도 지금 이 자리에서의 문제를 풀기 위해서가 아닌가.

109   그는 나를 닮지 않고 나는 그를 닮지 않았네

선의 깊은 뜻을 깨달은 뒤로 약산 선사는
절에서 나가 시골 외양간에 묻혀 살았다.
그런데도 그 사람을 알아보고
배우겠다는 스님들이 하나둘씩 모여들어
어느덧 사오십 명이 모여 살게 되니
외양간이 곧 절이 되고 말았다.
하지만 정작 선사는 통 말이 없었다.

배움에 목마른 스님들이 두 번 세 번 설법을 청했지만
선사는 늘 사양했다.

어느 날 스스로 이곳 살림을 맡은 똑똑한 스님 하나가
선사께 강력히 설법을 청했다.
선사가 비로소 허락하자 그는 기쁨에 겨워
곧장 종을 땡땡 울렸다. 모여라!
하지만 정작 대중이 모이자 선사는
문을 쾅 닫고 들어가 버렸다.
그러자 살림 맡은 그 스님은 화가 나서 소리쳤다.
"스님은 왜 아까는 허락하셔 놓고 이제 와서 그러십니까?
왜 저를 속이시는 겁니까?"

방안에서 선사가 대꾸했다.

"설법으로 말하면, 경전에는 경사經師가 있고,
 논설에는 논사論師가 있고, 계율에는 율사律師가 있는데
 자네는 내게 뭘 말하라는 건가?"

 며칠 뒤 선사가 문득 법당에 올라오니 어떤 스님이 물었다.
"스님은 누구의 법을 이으셨습니까?"

 선사의 내력을 아는 사람이라면 이 물음에 당연히
"희천 선사의 법을 이었노라"는 대답이 나오리라 여겼다.
 그런데 엉뚱하게도 선사의 대답은 이랬다.
"오래된 불전 안에서 글귀 한 줄을 주웠지!"

 물었던 스님이 다시 물었다.
"뭐라고 쓰여 있는 글귀인데요?"
"'그는 나를 닮지 않고 나는 그를 닮지 않았네.' 이런 글귀였
 는데 내가 그 말을 알아들었지!"

(109) 문자를 내세우지 않고 마음으로 마음을 전한다. 언어의 길이 끊어졌다. 이런 말처럼 선사는 법을 언어나 문자로 설하지 않는다. 문을 쾅 닫고 방으로 들어가 버리는 것이 곧 그의 설법이다. 진정한 진리란 오직 스스로 깨달을 뿐, 말로서 표현할 수도 없고 가르칠 수도 없다는 것을 보여주기 위해서이다.

엄밀한 의미에서 법을 전하고 이어받고 하는 것은 제자 스스로 깨달은 바를 스승이 인정해주는 일에 지나지 않는다. 따라서 누구의 법을 잇고 안 잇고가 중요한 게 아니라 무엇을 깨달았는가, 이다. 깨달음은 결코 모방이 아니다. 스승을 닮는 것도 아니다. 스스로 주인이 되는 것이 깨달음이다. 사람들이 다 똑같은 것이 아닌, 각자 주체의 삶을 살아가면서 서로 다른 것이 좋지 않은가!

협산 선사의 제자 중 젊은 스님 한 명이 석상 선사를 찾아왔다.
그는 석상 선사의 방 안에 들어서자마자 인사를 했다.
"안녕하십니까!"

그러자 석산 선사는 거들떠보지도 않고 말했다.
"필요 없다. 이 중놈아."

찾아온 젊은 스님은 성질이 좀 급한 사람이었던지
"그럼 안녕히 계십시오"하고 가버렸다.

그가 이번에는 암두 선사를 찾아왔다.
이번에도 선사의 방 안에 들어서자마자 인사를 했다.
"안녕하십니까!"

그러자 암두 선사가 대답했다.
"허!"

찾아온 젊은 스님은 이번에도
"그럼 안녕히 계십시오"하고 몸을 돌렸다.

바로 그때 선사가 말했다.

"젊은 친구가 제법 예절을 아는구나."

그 젊은 스님은 자기 절로 돌아가 스승에게
선사들을 찾아뵈었던 이야기를 말씀드렸다.
말없이 듣고 있던 스승은 나중에 법당에 올라가 대중들에게
말했다.
"지난번에 암두 선사와 석상 선사를 만나고 온 스님은
이리 나와서 자세히 이야기해 봐라."

그 젊은 스님이 앞으로 나와
선사들을 찾아뵈었던 이야기를 하고 나자
스승 협산 선사가 말했다.
"다들 알겠는가?"

대답하는 사람이 없자, 협산 선사가 말했다.
"아무도 말하지 않으니, 이 늙은 중이 말할 수밖에 없구나.
석상 선사는 사람 죽이는 칼은 있지만
사람 살리는 칼은 없고
암두 선사는 사람 죽이는 칼도 있고
사람 살리는 칼도 있다."

(110) 사람 죽이는 칼이란 상대방을 부정하는 것을 비유함이요, 사람 살리는 칼이란 상대방을 긍정하는 것을 비유함이다. 석상 선사는 자기를 찾아와 도를 물으려는 사람에게 단호하게 부정했고, 암두 선사는 일단 "허!"하고 소리쳐 부정한 뒤에 그에 그치지 않고, 다시 긍정함으로써 상대방을 살려 준다. 오늘의 선사들은 어떤 칼을 쓰고 있는가?

111   병 속의 새를 꺼내려면

어느 날 '육긍 대부'라는 관리가 남전 선사에게 물었다.
"스님, 옛날 어떤 사람이 병 속에
거위 새끼를 한 마리 키우고 있었습니다.
거위가 자라자 그만 병에서 나올 수가 없게 되었습니다.
스님이라면 병 속의 새를 어떻게 꺼내시겠습니까?
병을 깨도 안 되고 새를 다치게 해도 안 됩니다."

그러자 선사는 느닷없이 "대부!"라고 불렀다.
"예."
육긍이 엉겁결에 대답했다.

선사가 빙그레 웃으며 말했다.
"나왔소."

(111) 병 속의 새를 꺼내는 방법에 골몰하기 전에 먼저 알아야 할 게 있다. 병 속의 새란 도대체 누구인가?

(부록)

선종의 법계도

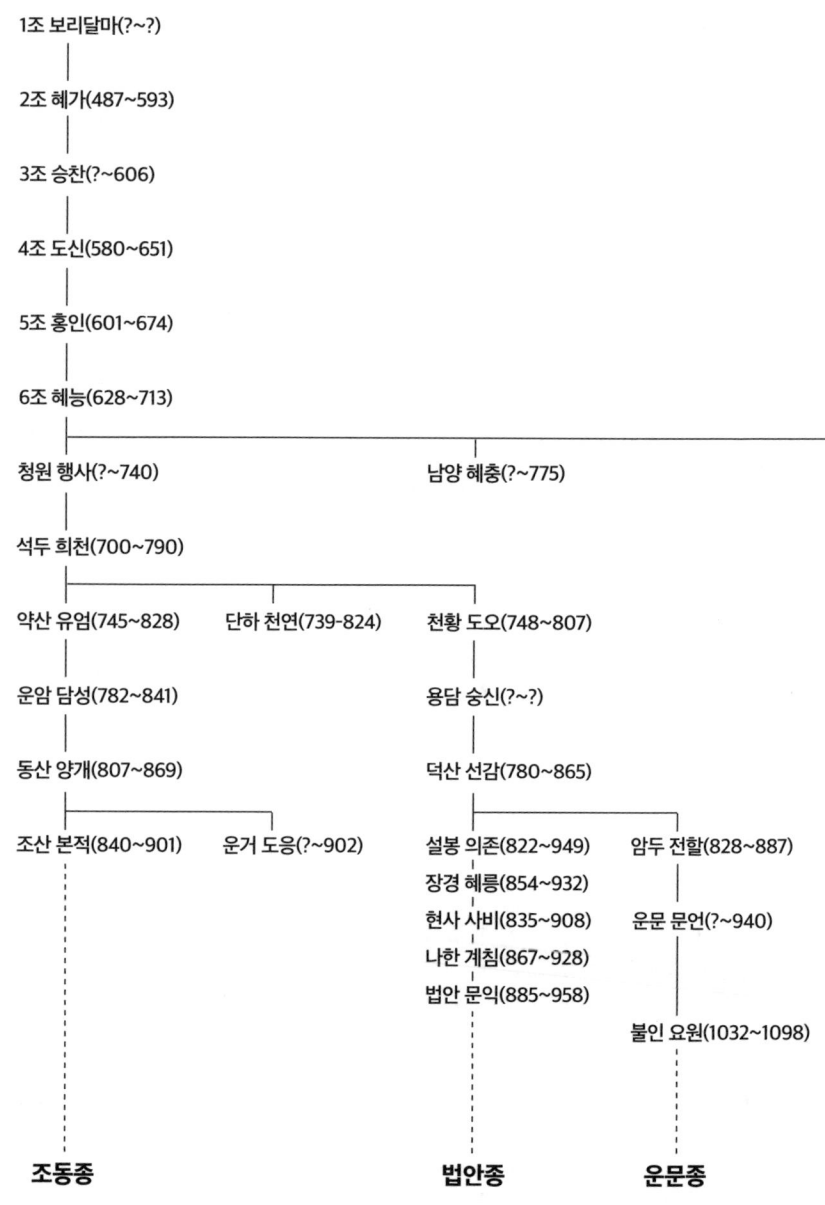

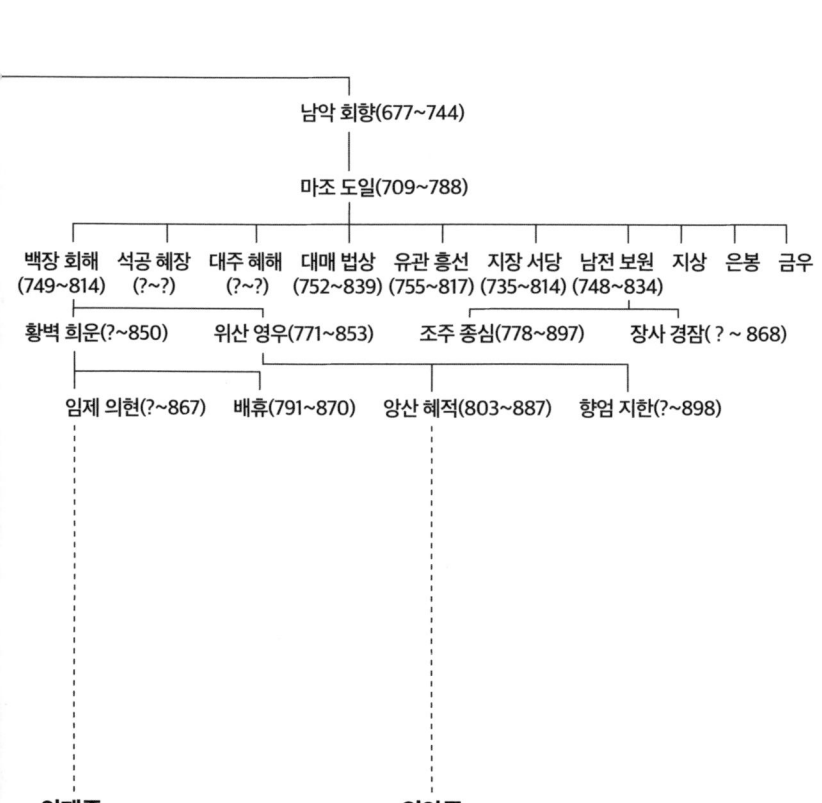